与自然和谐

低碳社会的环境观

地球文明の危機
環境編——新たな文明原理をどう構築するか

[日] 稻盛和夫 —— 主编
陈琳珊 —— 译

机械工业出版社
China Machine Press

图书在版编目（CIP）数据

与自然和谐：低碳社会的环境观／（日）稻盛和夫主编；陈琳珊译．—北京：机械工业出版社，2020.8

ISBN 978-7-111-66076-7

I. 与⋯ II. ① 稻⋯ ② 陈⋯ III. 低碳经济－研究 IV. F062.2

中国版本图书馆 CIP 数据核字（2020）第 128808 号

本书版权登记号：图字 01-2020-1707

CHIKYU BUNMEI NO KIKI [KANKYO-HEN].
Edited by Kazuo Inamori.
Copyright © 2010 Inamori Foundation.
Simplified Chinese Translation Copyright © 2020 by China Machine Press.
Simplified Chinese translation rights arranged with TOYO KEIZAI INC., Japan through Bardon-Chinese Media Agency. This edition is authorized for sale in the People's Republic of China only, excluding Hong Kong, Macao SAR and Taiwan.

No part of this book may be reproduced or transmitted in any form or by any means, electronic or mechanical, including photocopying, recording or any information storage and retrieval system, without permission, in writing, from the publisher.

All rights reserved.

本书中文简体字版由 TOYO KEIZAI INC 通过 Bardon-Chinese Media Agency 授权机械工业出版社在中华人民共和国境内（不包括香港、澳门特别行政区及台湾地区）独家出版发行。未经出版者书面许可，不得以任何方式抄袭、复制或节录本书中的任何部分。

与自然和谐：低碳社会的环境观

出版发行：机械工业出版社（北京市西城区百万庄大街 22 号 邮政编码：100037）
责任编辑：岳晓月
责任校对：李秋荣
印　　刷：北京文昌阁彩色印刷有限责任公司
版　　次：2020 年 8 月第 1 版第 1 次印刷
开　　本：147mm×210mm　1/32
印　　张：10.375
书　　号：ISBN 978-7-111-66076-7
定　　价：59.00 元

客服电话：（010）88361066　88379833　68326294　　投稿热线：（010）88379007
华章网站：www.hzbook.com　　读者信箱：hzjg@hzbook.com

版权所有·侵权必究
封底无防伪标均为盗版　　本书法律顾问：北京大成律师事务所　韩光／邹晓东

PREFACE — 前言

回顾漫长的人类文明史,没有永不消逝的文明。

特别是一味掠夺自然的文明,其历程更为短暂。掠夺规模越大,文明发展越繁荣,但同时也崩塌得越彻底。现代文明对自然大规模的掠夺与破坏是有史以来从未有过的,因此人们对于现代文明即将迎来终结的猜测也是合乎情理的。

现代文明何时将以何种形式崩塌?未来,等待我们的将是怎样的世界?为了探明这些问题,为人类敲响应对这些危机的警钟,我认为很有必要提出对策与见解,以采取措施渡过这些看似不可避免的危机。

那么,过去的文明在地球环境的变化中经历了怎样的兴亡呢?在此,本书将首先通过文明兴亡与气候变化及森林破坏等环境史的关系，对文明兴亡的实际情况进行探究。

除此之外，环境变化会对人类的生理、心理和行为方式产生怎样的影响？它与政治、经济活动的变化又有着怎样的关联？对于上述问题，本书也进行了探讨。

根据迄今为止的研究结果，很显然过去文明的兴亡可以分为两类：一类是通过一味地掠夺自然资源，实现短暂的繁荣，而后又骤然崩塌的文明；另一类是虽然朴实无华，却与自然和谐共生、可循环、可持续发展的文明。

21世纪，人类如何在有限的地球资源中维持繁荣发展？这一问题备受关注。为了渡过21世纪地球环境与文明的危机，人类有必要重新发掘与自然和谐共生、可循环、可持续发展的文明的价值。

除此之外，在文明与环境的关系中探明与自然和谐共生、可循环、可持续发展的文明的价值，并将其智慧之处运用到未来文明的构筑中，也是本书将要考虑的问题。

那么，如何将与自然和谐共生、可循环、可持续发展的文明的价值，通过一定的方式运用到未来文明的构筑中呢？现代的物质能源型文明，是通过过度掠夺地球环境构筑起来的，我们可以通过预测这类文明何时将以何种形式崩塌的方式，为人类敲响警钟。为了避免人类文明崩塌的危机，我们又将如何创造文明，创造出怎样的文明呢？本书的目的就是针对上述这些问题提出对策与方案。

我们犹如漂浮在大海上的一只小船，一旦这只船鸣笛，就会有来自四面八方的小船鸣笛响应，期待这些小船能够卷起强有力的洪流。

稻盛财团理事长　稻盛和夫

目录 —— CONTENTS

前言

第 1 章　地球系统中接近极限的"人类圈" / 001

宇宙视角下的"人类圈" / 001

基于地球科学的人类观思考"何为人类" / 005

加速扩大的人类圈问题 / 008

人类圈内部系统开始瓦解 / 010

讨论｜围绕第 1 章 / 014

◎ 只有宗教能拯救文明与环境的危机吗 / 014

◎ 如何确立地球伦理——与地球系统和谐共存的人类观 / 021

◎ 农耕畜牧文明是一种致死性的系统 / 026

◎ 人类为何而存续 / 029

◎ "小船的警笛"与"我关联，故我在" / 032

第 2 章　预示地球文明未来的非洲的惨状 / 037

环境与文明的关系 / 037

对于"文明"与"未开化"的认识 / 038

文明内部的普遍性、合理性和功能性 / 040

欲望无限扩大衍生的悲剧 / 043

因人类欲望膨胀而恶化的地球环境 / 045

遭受持续性破坏的生态系统 / 050

非洲的现状预示着地球文明的未来 / 055

人类毁灭的过程 / 057

人类活动原理三法则限制了地球环境对策的制定 / 058

讨论 | 围绕第 2 章 / 061

◎ 非洲已经进入崩塌的进程之中 / 061

◎ 为何各类严峻的问题会同时出现在非洲 / 065

◎ 全球化的趋势是否无法阻挡 / 070

◎ 只有重新定位现代文明,才能催生新文明 / 074

◎ 一个人代谢的能量相当于一头大象的能量 / 078

◎ 我们能否提出改变社会的具体方案 / 080

◎ 控制欲望是否会使遗传基因恶化 / 083

◎ 受欲望牵引的近代文明 / 087

第 3 章　从脑科学的角度审视人类、文明与环境 / 093

大脑在宇宙史中的位置 / 093

文明的发展与大脑的进化 / 096

抑制文明失控发展的因素 / 099

尊重多样性是未来发展的关键 / 101

讨论 | 围绕第 3 章 / 105

◎ 人类的内心意识由脑而生,其定义是什么 / 107

◎ 只有晚期智人的大脑才能扩大认知的时空范围 / 111

◎ 语言研究与脑科学 / 115
◎ 尼安德特人与晚期智人对于石器使用的时空认知差异 / 117
◎ "大脑"与"内心意识"的先后问题 / 120
◎ 大象的反击与脑科学必须分辨的情况 / 123

第 4 章　构筑利他性遗传基因优越性的生命文明 / 127

通过对生命科学的研究，解读文明的含义 / 127

遗传信息开启按钮的发现 / 129

"原本"作为"适应"的前提不可或缺 / 132

控制生命的三大模式 / 136

地球生命中被程序化的自我分解机制 / 138

利他性遗传基因的优越性 / 144

人类原本的生存环境——热带雨林 / 152

人类原本的生存模式——狩猎采集 / 156

作为必要信息的"热带雨林之声" / 158

从生命科学的世界观研究文明的含义 / 161

原本性文明与适应性文明 / 163

分栖共存型社会与非分栖共存型社会 / 165

实现群体控制与自组织化的行为控制机制 / 167

行为控制系统的层级结构 / 171

奖赏脑系统主导型社会与惩罚脑系统主导型社会的对比 / 174

奖赏脑系统高度活跃状态下巴厘岛居民的祭祀活动 / 179

信息环境的"原本指向" / 184

讨论｜围绕第 4 章 / 188

◎ "祖母"的出现与走出非洲和农耕生活紧密相关 / 188

◎农耕畜牧文明是不是人类灭亡的一个过程 / 191
◎农耕畜牧文明与稻作渔捞文明之间不同的崩塌方式 / 196
◎人口问题、气候变暖和语言的发展孕育了农耕畜牧文明 / 198
◎何为"后农耕畜牧文明" / 202
◎拒绝自我解体的现代文明的崩塌 / 205
◎对于利他性稻作渔捞文明的研究 / 209
◎只重视人类生命的基督教思想的局限性 / 212
◎尝试重新复活俾格米人的生存方式 / 216
◎我们能否对抗日渐庞大的"人类圈" / 219
◎从"利己性快感"向"利他性快感"转变 / 221
◎参考文献 / 225

第5章 现代文明是否会因科学技术的发展而灭亡 / 229

"机械论自然观"的实质性瓦解 / 229
从"机械论自然观"到"创发自组织系统的自然观" / 231
宇宙的自组织 / 235
"对称性自发破缺"与宇宙的形成 / 239
生命的诞生与进化 / 244
人类是否会因为科学技术的发展而灭亡 / 250
科学有"绿色科学"和"黑色科学"之分 / 252
从超加速社会到稳定社会的大转变 / 254

讨论 | 围绕第5章 / 257
◎神的力量推动"创发自组织系统"不断发展 / 257
◎日本人传统的"自组织系统"的思考方式 / 260
◎以利他之心为基础创立新文明的时代已到来 / 263

◎"慈悲"是21世纪新文明的关键词 / 266
◎对于利他之爱的无限自我满足感 / 270

第6章 危机时代促使新的文明原理诞生 / 273

能否创建新的文明原理 / 273

危机时代将催生新的文明原理 / 276

人类能否构筑新的文明原理 / 280

人类能否避免重大纷争 / 283

地球上是否会发生超级纷争 / 287

参考文献 / 291

结束语 从"增长的极限"到"生存的极限" / 293

撰稿人简介 / 295

关于稻盛财团 / 298

京都奖 / 309

历届京都奖获奖者 / 312

盛和塾 / 317

巴厘岛美丽的梯田景观

依自然倾斜的地势修筑而成的错落层叠的梯田,具有巧妙的给排水系统,为了渡过21世纪地球文明的危机,再创与自然和谐共生、可循环、可持续发展的文明显得尤为重要。(摄影:河合德枝)

在有限且不均衡的环境条件下，生态系统中的死亡生命比不死生命更具活性

资料来源：参照 Oohashi T.et al., Journal of Artificial Life and Robotics, 5, 2001 绘制而成。

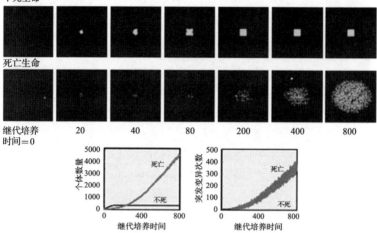

不死生命在可生存的范围内极速"扩张"，迅速占领所有的生存空间，而后停止繁殖。然而，死亡生命在实现繁殖的同时解体，将实现生存的空间和物质返还于自然，留给子孙后代。死亡生命的子体在此基础上诞生，并无限重复上述过程。在此过程中，死亡生命加快适应性进化的速度，不断扩大生存范围。

在有限且不均衡的环境条件下，生态系统中利他性最高的死亡生命最具活性

资料来源：参照 Oohashi T.et al., Artificial Life, 15, 2009 绘制而成。

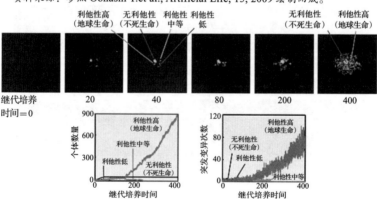

从图中可看出，与地球生命拥有相同利他性结构的生命，比其他所有生命都更具活性。这一结果，可以为"为何现存地球生命都无一例外地拥有死亡基因"这一问题提供全新的解读。

第1章
地球系统中接近极限的"人类圈"

松井孝典

宇宙视角下的"人类圈"

提到"环境与文明和谐共存"这一问题，我基本上会从"地球系统"的角度展开探讨。那么，地球系统的角度指的是什么呢？具体来讲，就是从宇宙观视角思考"文明的含义"。迄今为止，世界上还没有人从宇宙观视角思考这个问题。因此，以下即将陈述的观点都是本人原创的。这一视角的基本观点便是，在137亿年的宇宙历史长河中和137亿光年的宇宙范围内，来探究"文明的含义"以及"文明的普遍性"问题。由于是从宇宙观的视角展开思考，因此思考问题的时间与空间维度比安田喜宪先生的视角更为广阔。与安田先生具体而细致的内容相比，本人的研究难免会较为粗略，在此，要先请各位给予谅解。

那么进入正题。文明的含义是什么？我的结论是，创造人类圈并生存其中的生存方式。具体内容将在下文做详细说明。

首先,我想介绍一下何为地球系统。假设地球为一个圆形球体,其中包含着大气、海洋、生物圈、地壳、地幔、地核、等离子圈等各种各样的子系统(构成要素),这些物质圈共同构成了地球(见图 1-1)。如果采用"地球系统"这一说法的话,那么这些物质圈就是地球系统的构成要素,其中之一就是生物圈,我们便生存在从生物圈分离出来的人类圈这一子系统中。

人类圈这一全新的子系统的诞生,意味着地球上整体的物质循环和能量流动将会发生变化(见图 1-2)。这一变化正是我们今天称为"污染"的环境问题产生的根源所在。由于人类圈这一新子系统的诞生而引发环境问题的情况,在地球漫长的历史中并非首次。在生物圈诞生之时也出现过地球环境问题,当时大气和海洋都受到了污染。而后,氧气不断聚积,变成了今天我们所熟知的大气层。在大陆地壳生成之时也发生了环境问题,当时的海洋被大陆物质污染,大陆上的盐分留在了海洋中。其结果是,大气中的二氧化碳在海洋中大量溶解,使得大气层的主要成分由二氧化碳转变成了氮气。如果没有上述这些认识,仅从人类圈内部这一封闭的视角来看待地球环境问题,做出一些缺乏远见的善恶判断的话,那么将偏离问题的本质。总而言之,我们创造了地球系统中的人类圈并生存其中——这一认识是极其重要的。

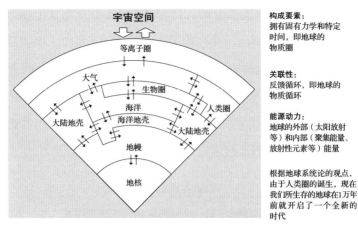

系统的含义：由多个构成要素组成的、相互作用的体系。

图 1-1　地球系统

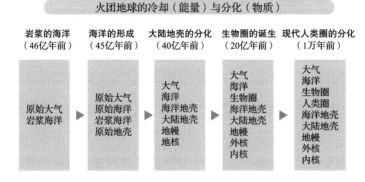

大陆地壳的诞生→海洋污染→由二氧化碳大气变为氮气大气
生物圈的诞生→大气污染→氮气和氧气大气
人类圈的诞生→地球环境问题

图 1-2　基于系统论的地球发展史

言归正传，生物圈与人类圈是完全不同的两个子系统。从宇宙中看地球，在夜半球可以看到一片光的海洋，这就是人类圈

（见图 1-3）。追溯人类的发展历程，自 700 多万年前从生物圈中诞生以来，人类一直生活在生物圈这一封闭的环境中。即使是进化成智人○之后，至少在 1 万多年前一直如此。但是，现代人类是生活在自己创造的人类圈这样一个子系统中的。实际上，从地球系统论的角度来看，这可以说是狩猎采集型生存方式与农耕畜牧型生存方式的差别之所在。

可视的人类圈

处于夜半球的地球（图片来源于 NASA）

图 1-3　现在的地球

为什么说狩猎采集型生存方式是封闭在生物圈中的生存方式呢？我们可以以食物链为例来进行说明。食物链中的生物依靠生物圈内部的能量流动与物质循环而生存，这种生存方式就是狩猎采集型。不只是人类，其他动物也是以这种方式生存的。因此，狩猎采集型是封闭在生物圈中的生存方式。

那么，与之相对应的农耕畜牧型是怎样的生存方式？以砍伐森林建造田地为例，毁林造田会导致太阳放射的能量发生变化。

○ 来自拉丁语 homo sapiens，homo 意为"人"，sapiens 意为"智慧"。智人是生物学中全体人类的共有名称。——译者注

例如，反射率发生变化，那么太阳放射的热量被地表吸收或反射的量也会相应发生变化。再如，下雨时森林和田地遭受雨水侵蚀的程度也相应不同。这就是上文所提到的，人类圈的诞生会改变地球的能量流动和物质循环。从系统论的角度来对这一变化进行分析，就是跳出封闭于生物圈的生存方式，建造一个不同的物质圈或者创造不同的构成要素并生存其中。因此，若从宇宙的视角出发，那么我们可以将文明定义为"创造人类圈并生存其中的生存方式"。

基于地球科学的人类观思考"何为人类"

我认为，我们需要在上述文明定义的基础上来思考现在文明的问题之所在。因为智人时期已经开始了这样的生存方式，因此首先我们需要思考一个根本性的问题，即"何为人类"。根据迄今为止对于这一问题的探讨成果，可概括为哲学人类观和生物学人类观两种理论。哲学人类观基本上是对于"何为认识"这一问题，即每个人的自我认知进行研究。现代脑科学也属于这个研究范畴。

生物学人类观基本上是对于"封闭生存于生物圈时期的人类"进行研究，即通过与猿类及其他动物的对比，对"何为人类"这一问题进行探究。但是，实际上从这两个角度出发，都没有得出"人类圈"的概念，即以上两种观点在对文明定义进行思考时，都未跳出生物圈的范畴，都未意识到重新创造人类圈并生存其中的生存方式。如今，我们关注的重点是"何为人类圈"以及"如何创造人类圈的未来"这两个问题。因此，我们必须对包含以上两个问题的人类观进行思考，我将之称为"地球科学的人类观"。我认为，我们必须构筑这样全新的人类观。同时，这也是对"创造人类圈并生存其中的人类含义"的思考。地球科学的人类观的观点认为，智人与其他人类是不同的。原因有两个：一个是"祖母"①的出现，另一个与能够清晰表达的语言能力相关。从结果来说，"祖母"的出现使人口增加，语言能力则使脑中神经细胞网络化，即在大脑中构筑内部模型，形成认知能力。这对于人类选择创造人类圈以及生存其中的生存方式具有十分重大的意义。也就是说，一方面，人类面临着因人口增加而导致的粮食不足的问题；另一方面，人类拥有将外界世界投射到脑中，并在脑中形成内部模型的能力。因此，我们才拥有了构筑人类圈的能力。所以，若我们要思考"文明将何去何从"这一大问题，首先必须重新认真探讨人类的自我认知这一人类观的基本问题。同时，我们还需要思考，与地球系统和谐发展的人类圈究竟是怎样的。图1-4对人类圈文明的状态进行了象征性的描述。如果用圆形来表示地球系统和人类圈的话，可以从图中看出，人类圈在不断扩大。若按此速度持续发展，到21世纪，人类圈刚好会与地球重合，整个地球将变成人类圈（见图1-4d）。对此我将在下文进行详细阐述。

---

① "祖母假说"观点认为，由于一些足够长寿到祖母的女性帮助喂养孙辈，促进了下一代基因的优化，使她们的长寿基因传给后代。——译者注

内部不具备驱动力时期的人类圈

a)"生命的行星"时期的地球系统

这个时期,人类作为生物圈中的一种构成要素,封闭并生存于生物圈中

狩猎采集时期

b)"文明的行星"时期的地球系统 1

人类从生物圈中分离,创造了人类圈并生存其中的这一生存方式,我们称为"文明"。"文明的行星"时期可分为两个阶段
一个是工业革命之前,人类圈内部还不具有驱动力的阶段。这个阶段人类圈与地球系统之间是相对和谐的状态

农耕畜牧时期

内部不具备驱动力时期的人类圈

c)"文明的行星"时期的地球系统 2

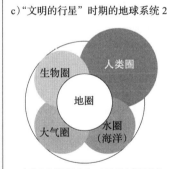

人类从生物圈中分离,创造了人类圈并生存其中的这一生存方式,我们称为"文明"。"文明的行星"时期可分为两个阶段
另一个是工业革命之后,人类圈内部拥有驱动力的阶段。为了能够利用内部驱动力,创造了新的地球系统的物质循环,人类圈超越界限极速扩张

现在

d)"文明的行星"时期的地球系统 3

人类圈无法超越地球系统的界限无限扩大
人类能否构建与地球系统协调发展的人类圈

未来 ▶▶▶▶

图 1-4 地球系统论文明

加速扩大的人类圈问题

20世纪的人口总量与100年前相比增加了4倍。如果照此增长速度，人类整体的重量与地球的重量持平需要多少年呢？虽说这种情况实际上是不可能发生的，但是也希望大家能够意识到，只需不到3000年的时间，人类整体的重量就将与地球的重量持平。按照100年增加4倍的速度，50年就是增加2倍。如果按照50年翻一倍的速度不断增加的话，只需不到3000年的时间，人类整体的重量就将达到地球的重量。到那时，地球系统就基本等同于人类圈了。上述这种急剧增长速度是很严重的问题。

最初人类创造人类圈并生存其中的时候，是怎样的状态呢？以江户时代的日本为例。虽然从能量学的角度来说，此时人类已经创造了人类圈并生存其中，但还是封闭于地球系统中（见图1-4b）。因此，这个时期的人类圈与地球系统处于和谐共生的状态。工业革命之后，人类圈获得了内部驱动力（能量），极速扩大。在图1-4c中，这种驱动力已超过地球系统边缘了。在内部能量的驱动下，人类圈就变成了如今这种规模。

这里所说的人类圈的驱动力，指的是化石燃料和核能。人类在获得驱动力之后，得以通过"物质转化"的方式实现自己的物质欲望。从物质转化利用的意义上来说，如今我们的物质转化速度比图1-4a和图1-4b所示时期加快了10万倍。这是通过与地球上正常的物质转化速度相比得出的数据。如果以还未获得内部驱动力阶段的地球系统的物质转化速度为基准，现在的物质转化速度比当时加快了 10 万倍。

接下来我将对此做详细说明。在上文人口增长的例子中，我曾指出，人类是以 3000 年内达到地球重量的速度在增加。那么，地球形成经历了多长时间呢？可能需要数亿年吧。3000 年达到地球重量的增长速度比地球正常的增长速度快 10 万倍。再举个其他的例子，假设在澳大利亚挖掘铁矿石，将其运往日本。如果要把在澳大利亚挖掘出的所有铁矿石全部运往日本需要多长时间呢？至多也就 300 年吧。从整个地球系统来看，澳大利亚大陆由于板块运动逐渐向北移动，最终将与日本列岛相撞，这应该是 3000 万年之后的事了。从铁矿石转运的例子中我们可以看出，原本需要 3000 万年完成的变化，300 年的时间就完成了，速度大约加快了 10 万倍。

由于我们加快了地球上能量流动和物质循环的速度，导致创造人类圈的生存方式出现了问题。这样的生存方式所造成的后果，就是地球系统变成了图 1-4c 所示的状态（人类圈不断扩大）。因此，若要探讨与地球系统和谐共存的人类圈的状态，其中很重要的一点，是如何使人类圈的增长速度减慢。如何使 10 万倍的速度减慢，这是一个很具体的问题。

以这种俯瞰全局的观点来思考问题时，我们能发现另外一个重要的问题。与上文提到的系统论的角度不同，这个问题是从历史论的角度出发得出的。例如，在 137 亿年的宇宙发展史中，自然是如何变化的？这是一个历史的方向性问题。我们需要关注的是，在这种情况下，自然的历史本质是分化。分化指的是，物质从等质的状态转化为功能不同、性质各异的状态。例如，在宇宙形成初时的大爆炸状态，实际上就是一种混沌无序的状态，这时宇宙各部分还处于均质状态。宇宙从均质状态开始不断膨胀，整体温度降低，结果形成了各种构造，引起了分化。那么，为何说历史的本质在于分化呢？从物理学的角度来看，是由于"冷却"现象的发生。正是因为宇宙冷却才发生了"分化"。宇宙在大爆炸发生之后不到10亿年的时间，就形成了银河系与天体。行星最迟在50亿年前也已经形成了，生命也随即诞生。上述变化都是宇宙分化的成果。

地球形成的历史也几乎与宇宙一致。地球形成初期呈熔浆状态，而后从熔融态的火球开始冷却凝固。从物理性质来看，最初地球上各部分都是均质的，物质圈也只有原始大气和岩浆这两种构成要素。之后，岩浆海洋凝固分化成地核、地幔和地壳，原始大气分化成海洋和大气。在这些物质的基础上，形成了生物圈，而后再分化出人类圈。这就是地球形成的历史。为何会发生这些分化？就像原始大气发生的变化，是因为地球表层环境冷却引起的。我们将发生在生物圈内部的变化，称为"生命的进化"，其本质就在于分化。这是基于历史的角度得出的结论。

人类圈内部系统开始瓦解

从历史的角度出发，我们有必要尝试对人类圈如今发生的变化进行思考，即探究人类圈的分化是我们需要思考的另一个问题。我们很难具体阐述人类圈的分化，但是，如果只是描述人类圈正在发生的变化，就比较清晰易懂了。

例如，网络社会的特征在于，将信息传播至个人。人类圈也是一个系统，想要系统地对人类圈进行研究，就需要对人类圈的各个构成要素进行研究。从系统化的角度思考人类圈的话，其构成要素就成为我们需要考虑的问题。人类圈的最终构成要素是每一个人，而网络社会的本质就是将信息传递到每个人。

这意味着，人类圈通过每个人身上获取构成人类圈系统的要素。将人类圈与上文所举的宇宙历史的例子对比，实际上，其状态与宇宙大爆炸相同。现在的宇宙结构是分化后的状态。正如上文所述，从宇宙发展史来看，宇宙是通过破坏原始构造，分解成最终的构成要素。现在，人类圈发生的变化和宇宙发生大爆炸时相同。我们可以判断，人类圈最终的构成要素就是一个一个的人。现在人类圈发生的变化可以说是人类圈均质化、混沌无序状态的开始。

网络社会的含义是什么？简言之，网络社会破坏了人类圈所有的结构，使其朝着均质化的方向发展。因此，如果从历史的角度来看，人类圈应有的发展方向是分化。但是，现在人类圈正朝着与历史相反的方向发展。

接下来，我想思考一下人类未来将如何发展。毫无疑问，现实世界的上升趋势将迎来终结，物质及能量也不可能永远保持增长趋势。从这个角度来看，显然人类圈即将迎来终结。以污染为代表的地球环境问题也许大家都知道，但是我们所面临的不只是环境问题。由于人类圈过度扩大，一旦发生某种自然灾害，后果将不堪设想。人类的过度活动引起了地球的变化，而地球环境问题正是地球系统对人类圈的反作用所引起的。地球系统会对人类圈的扩大产生副作用，这也是人类圈无法一直保持无限上升和无限扩大的原因。

除地球环境问题之外，能源问题、粮食问题、人口问题等一系列问题，都能让人类圈引发地球内部的变化。举个简单的例子，按照日本这样发达国家的水平，若将人类圈现在使用的能量换算到每个人身上，大约等同于一头大象代谢的能量。那么这种状态是否可以持续？很明显，生物圈中无法同时维系100亿头大象的生存。但是，这种现象正发生在现实世界中。

接下来，我将对人类圈内部系统的瓦解进行具体说明。近期金融市场的混乱，正好证明了赛博㊀世界的发展也终于迎来了终结。如果将实体货币交换视为现实世界的话，那么进行虚拟交换的金融系统就可称为赛博世界。赛博世界是在人类货币可交换的共同想象㊁的基础上创造出来的虚拟世界。金钱本身无法维系人类的生存，因此实物货币作为交易媒介服务于商品和服务的交换，实物货币与现实世界是相互关联的。但是，现实世界中的货

㊀ 赛博空间是哲学和计算机领域中的一个抽象概念，指在计算机及计算机网络里的虚拟世界，此处指的是金融市场的虚拟世界。——译者注
㊁ 共同想象人类虚构出来的非实体事物，这种虚构并非一个人的臆想，而是一群人的"共同想象"。这种创造出虚构事物并让一群"人"相信的能力是智人独有的。——译者注

币交换在逐渐弱化，如今，虚拟货币的交易规模已经发展到了比现实货币的交易大 100 倍左右。虽然虚拟货币交易与现实世界也有关联性，但难免缺乏稳定性。也许，我们今后也会创造出新的赛博世界，向下一阶段发展。但是，这种尝试最终都会一一破灭吧。

赛博世界的瓦解，也预示着人类圈内部系统的瓦解。毫无疑问，迄今为止人类共同构筑的所有共同想象，都将在未来一一破灭。首先是可交换的货币的破灭，这也是粮食自给率成为备受担忧的问题的原因之所在。在世界范围内，即便本国不产粮食，只要有金钱就能买到粮食。但如今，这一前提已经行不通了。而且，在"持续发展的未来"这一基础上构筑起来的共同想象，包括博爱、民主、市场经济、人权等，也都将一一破灭。

从这个角度审视现如今我们最关注的全球气候变暖这一现象，其中最关键的就是"国界"问题。从根本上来说，地球温暖化不管是对生物圈还是人类圈来说都不是坏事，反而寒冷化对人类的威胁更大。那么，全球气候变暖的原因究竟有哪些呢？我们人类在地球上设定了很多国界，并且设定了人们不能自由流动的规则，人为地加剧了气候变暖。从这个意义上来讲，地球环境问题可以说是人为造成的。这一结果势必会引发自发性的大迁移，从而导致人类圈内部部分系统的瓦解。我认为这只是一个例子，如果这样的问题不断堆积的话，人类圈恐怕终将走向瓦解。

讨论 | 围绕第 1 章

(按照发言顺序排列)

参与者：稻盛和夫、松井孝典、安田喜宪、大桥力

稻盛

松井先生提出的观点非常好。迄今为止，能量流动的速度加快了 10 万倍，要想构筑与地球系统协调发展的人类圈，我们就必须放缓能量流动及物质循环的速度。在经济增长至上盛行的今天，不仅是美国，各个发达国家和发展中国家都坚持维持 GDP 的高速增长。但是，这个目标已经到达了极限，因此松井先生提出要减速，我们也都认为发展必须减速。但是，目前世界各国并未对这一想法做出回应，如何让它们接受这个观点是至关重要的问题。

只有宗教能拯救文明与环境的危机吗

松井

回答这个问题十分困难，原因在于，这一问题与"何为人类"紧密相关。正如前文所述，现代人类（智人）正是因

为存在两个特质，才创造了人类圈并生存于此。第一个特质是，伴随着"祖母"的出现而引发的人口数量增长的问题。由于现代人类人口不断增加，人类开始"走出非洲"，并在距今约一万年前的气候变化时期，开始了农耕畜牧生活，即创造了人类圈并生存于此。从这个时期开始，人类开始竭力追求各方面的不断发展。不断发展的思想已经固化在我们的大脑中，人类开始一切以不断发展为前提思考问题。因此，若想改变这种观念，就需要构筑新的共同想象。

稻盛

正如松井先生所言，如果不限制人口继续增长的话，人类最终将走向灭亡。目前，我们需要做的是必须控制人口无限制增长，而我们却在一味地倡导爱和人权。

松井

这与我想说的另一个特质——人类大脑构造相关。现代人类拥有能够清晰用语音进行表达的能力，因此可以在大脑内部对外界世界的投射进行描绘，实际上这是一种虚构想象的能力。基于此，在人类的大脑中就形成了"人类原本是这样的"的固有想法。当大多数人都拥有相同的认知时，人类便有了共同想象。现如今，人类世界所拥有的共同想象是：20世纪，人类圈可以在地球系统中不断扩大。我们不能基于这样的想法来对人类圈进行思考，因此有必要构筑全新的共同想象。我认为这种共同想象与伦理、宗教相关。

稻盛

松井先生的想法十分新颖，所以我们可以依靠宗教来构筑全新的共同想象。

松井

因此，我希望安田先生能够担任"环境教"的创教者。

安田

我肯定不行，我觉得还是稻盛先生最合适。

松井

我在这里所提出的环境伦理与一般意义上的概念不同，要想对此问题进行探讨，首先我们必须认识到"理解"与"认同"不是一个概念。所有未基于此认识的探讨都是无法成立的。在日语中，这两个词的意思基本上相同，其实，我们的大脑在认识外部世界时，根据是否按规则将外部世界投射于脑中，可产生两种不同的情况。一种是科学上的认识，即利用二元论和要素还原主义进行理解，这便是"理解"。而"认同"是没有规则可言的，每个人会有不同的想法。由于日本人不对以上两种概念作区分，因此，有时候西方人无法理解。宗教属于后者——"认同"，通过神灵将外部世界投射于大脑中。"理解"是基于二元论和要素还原主义对外部世界的投射，"认同"是在人类圈中形成的对事物的共同看法，与系统论和历史论的观点相关。我认为，若没有清晰地认识到两者的不同，那么我们的讨论将会十分混乱。日本人之所以无法在世界范围内发出强有力的声音有许多原因，其中之一便是没有将"理解"与"认同"进行区分。因此，如上文所说，在这个意义上我所提出的关于人类圈的讨论是适用于整个世界范围的。但是，与人类圈内部系统及共同想象相关的问题，与如何构建人类认同的机制相关。我们必须对这两个问题进行区分，否则我们的讨论将会毫无主旨。我一直都是基于以上观点在我主持的研讨会上讨论问题的。稻盛财团举办此类研讨会的目的，肯定不希望它只是个研讨会，而是希望在讨论中探讨出大家能够达成共识的具体方案。

稻盛

我当然不希望只是个研讨会，我希望在座的各位能够通过学习得出结论，针对一些问题提出各自的建议。

松井

如果是这样，我一定贡献自己的力量。但是，因为这是涉及人类与文明的根源性问题，所以难度很大。

稻盛

因此，在观点上有争论也是正常的，就看谁有勇气提出大胆的想法。我们必须做出改变。

松井

我们无法继续在20世纪共同想象的基础上探讨人类与文明的问题，因此必须构筑21世纪全新的共同想象。

稻盛

提出共同想象的说法，也许会受到猛烈的抨击吧。

松井

我所提出的人类圈概念应该不会被抨击吧。

稻盛

正如松井先生所言，"21世纪的共同想象"是十分具有冲击性的想法，只不过一直以来我们都将其视为金科玉律而已。但是，在2500年前，佛教并未给大家传递现在这样的想法。

松井

确实如此，我认为"有时爱也可能毁灭地球"。我希望我们能通过这样的对话和探讨来达成共识，或者加深对此的认识，这也正是上文提到的达成"认同"。我们必须探讨能够达成全新共识的方法与策略。

稻盛

因此,博爱和人文关怀这些就是共同想象吧。

松井

不管是对于普通人还是对于从事自然科学研究的研究者来说,最可怕的就是有"先入为主"的想法。科学世界的新发现,与如何从过去"先入为主"的概念中脱离出来相关。对于必须思考的问题,我们一定要有必要的常识性认识,但是一旦过分偏执于此,就会出现问题。因此我认为,我们可以通过讨论的方式克服"先入为主"的执念,构筑能够达成共识的认知体系,除此之外别无他法。从方法论的角度来看,自然科学上"认同"的概念,只需个人理解就可以。但是,在这里我所提出的"认同"指的是,多人聚集一处,针对某个问题进行讨论,并最终达成共识。

稻盛

人类圈不断壮大,已经到了无法协调的地步了。

松井

地球不可能完全变成人类圈。

稻盛

是的,地球不可能完全变成人类圈。在提出这一理论的同时，大桥先生可以从专业的微观的人类遗传基因的角度，通过引入遗传基因学，最终得出"现代人类所持有的价值观可能并不正确"的结论。这种方式可能会比较好。

大桥

从这一点上来看，稻盛先生所提出的这个方向可能会为我们开辟一个全新的视角。在只能通过宗教找寻人生智慧与人生方向的时代，宗教对于人类来说是十分便捷且有效的存在，出现什么问题，只要问佛祖就行。但是，现在这种方式已经行不通了。世上出现了各种信息与知识，在这之中，最具合理性的科技文明占据了主导地位。在追随科技文明的过程中，人类历史进入了一个奇怪的阶段，大家现在才开始意识到这一问题的严重性。

因此，我认为本次研讨会的讨论议题应该超越现代科技文明的概念，应该是一个更合理、更强有力的讨论。通过本次探讨，我们可以建立一个理论，发挥类似于佛祖曾经发挥过的功效。因此，在此汇聚了来自各界的优秀研究者。在此，认同利己性原理的学者，在发挥利己性作用的时候，有可能会带来利他性的结果。我认为在这个研讨会上，会最先产生这样的智慧与认识。

稻盛

关于我经常使用的"利他性"（利他之心）一词，并非纯粹奉献的"利他之心",而是更为严格、更为强烈的"利他性"。

大桥

正如您所言,"批评和鼓励"就是个很容易理解的例子。当然,为了实现这个目标,我们也必须有合理说明和强有力的理论支撑,这也是今天各位老师聚集此地的目的地。

如何确立地球伦理——与地球系统和谐共存的人类观

稻盛

实际上,我在美国凯斯西储大学(Case Western Reserve University)设立了一个"稻盛伦理奖",第一届的获奖者是带领美国团队在染色体组研究上取得重大突破的科林斯。我曾在 2002 年围绕"利他性伦理"在凯斯西储大学进行过一次演讲,为经济领域发生的各种现象敲响了警钟。这次从颁奖典礼回来,我再次研读了 2002 年演讲的资料,那些内容就算放在今天也同样适用。我的演讲让凯斯西储大学的师生们感触很深,也让他们意识到,所有的研究领域都必须重视伦理,因此设立了"稻盛国际伦理中心"和"稻盛伦理奖"。在讲究实际的美国社会，有些宗教团队也在认真研究这一问题。当然，社会上也有很多反对的声音，特别是这个奖项是以我这个亚洲人的名字来命名的，反对的声音更多，但是他们仍然以极大的勇气坚持研究。如果在我们这个研讨会上，能得出具有说服力的结论，那么应该会有更多人愿意接受我的观点。

这是我在本书前言中所写的"我们犹如漂浮在大海上的一只小船，一旦这只船鸣笛，就会有来自四面八方的小船鸣笛响应，期待这些小船能够卷起强有力的洪流"这段话的用意之所在。因为我们所要提倡的是"价值观的转变"，那么如何传达这样的观点是至关重要的。

松井

我觉得可以使用"伦理"一词。正如和辻哲郎先生的著作《作为人类学的伦理学》所言，我们也经常使用这本著作中的伦理概念。今天，我所论述的可以说正是与"地球伦理"相关的内容。那么，何为与地球系统和谐发展的人类圈呢？我们可以用"地球伦理"一词来进行说明，就是调整人与人、人与社会、人与自然之间的相互关系。

稻盛

凯斯西储大学校长以下的学校领导都多次参与"京都奖"[⊖]。

[⊖] 由稻盛和夫捐资设立的国际科学大奖。——译者注

在这次"稻盛伦理奖"的颁奖仪式上,他们也参照了"京都奖"的做法,增加了慈善晚宴的环节。这是由当地人集资举行的大型晚宴,其动机是加大宣传这个奖项的意义。我认为这种方式应该被普遍采取。

松井

我们也可以从地球系统与人类圈的关系以及现代人类的共同想象的角度来分析金融危机问题。如今的金融系统是一个虚拟的世界,可以说是人类的一个共同想象。美国在现实人类社会中已无路可走,因而才构建了这个虚拟的世界,或者说是虚拟的系统。现如今,实际货物贸易的近100倍的金额是通过金融贸易来实现的,这正是因为我们的经济已经虚拟化了。由于最初的货币受制于黄金,因此流通性较差;如今,将货币从黄金中分离出来,使得货币得以自由流通。这便是货币虚拟化的本质,而且其本质又是通过想象来实现的,因此可能会无限上涨。在现实世界中,美国已经无法再寻求上升的空间了,因此它很巧妙地建立了一个虚拟的世界。对于经济学我是外行,但是,当我询问经济学家这个观点正确与否时,他们基本上都给予了肯定的回答。所以,我认为我的观点基本上不存在问题。

稻盛

我们集团有一个分公司位于美国南卡罗来纳,这个公司是我们收购的一家美国公司，现在已经在纽约证券交易所上市了。南卡罗来纳是个温暖宜人的州，所以很多人退休之后会选择来这里生活。就是在这里，人们竟大力发展制造业，在制造过程中大量使用挥发物质——甲苯。我们所收购的这家公司之前在此地从事生产已有几十年，为当地政府带来了大量税收，同时也带动了当地的就业，因此大受褒奖。但是，现在有声音要求它们撤离，市民及周边的民众都认为："美国不需要这样污染环境的制造业，我们需要与环境和谐发展。"于是，美国的这些企业负责人就想着必须将公司转移到别处。美国企业的想法十分粗暴，他们认为，把企业转移到亚洲及其他发展中国家，只要不危害他们自身的健康还是可以继续生产的。

松井

如果想要减缓物质循环和能量流动的速度，那么最有效的方法还是回到现实世界。这时，我们应该关注的是，如何将金融这个虚拟世界拉回到现实世界中来。我们应该像金本位制（Gold Standard）时期那样，赋予黄金重要的货币地位，使货币无法瞬时流通。物理学上将其称为"黏性"的概念。

稻盛

大桥先生提到了"地球系统"一词，当然，从地球系统的角度来进行阐述是很重要的，但是如何从大桥先生您的专业领域——分子生物学的角度切入分析，也是极为重要的。

大桥

从这一点上来看，我们需要关注与系统相对应的可控制性。我们必须明确我们可控的范围究竟在哪里，为地球环境乃至精神世界划上合理可控的界线，并言简意赅地将其推广出去。我们也要认识到，因为改变地球运转是在可控范围之外的，因此无法通过人为的力量改变。我认为，像这样清楚地界定可控制范围及其界线（包括时间性、空间性、构造性及功能性上的界线）是十分重要的事情。我们不能忽略那些在可控范围内的事物，同时也不要急于解决可控范围外的事物。我认为对这个问题的探讨也是十分有意义的。

稻盛

如果人类只作为食物链中的一环，单纯地以稻作渔捞为生，那是没有问题的。但是，人类擅自建造人类圈，并任意扩大、任其发展，这就出现问题了。

松井

是的，从"长存"这一生物圈的战略来看，也许创造人类圈的做法是错误的。但是，我想强调的是，我们现在已经创造了人类圈，并且生存于此。这不是为了长存，而是为了其他某种目的而采取的生存方式，这一点我们必须考虑到。

大桥

如果与由于遗传基因变异而拥有死亡基因的生物系统相比，农耕畜牧文明就是因拥有死亡基因而无法在生态系统中生存下去的缺陷生物所选择的生存方式。农耕畜牧文明一下子就扩展到极限，而后一次性消亡，仿佛是拥有一开始就被设定了终点的遗传基因一般。我希望，安田先生能够多提供一些优秀的理论，让农耕畜牧文明的主力——欧洲人能够清楚地认识到，农耕畜牧文明已经朝着预设的结局发展了。

农耕畜牧文明是一种致死性的系统

稻盛

在培养皿中培养细胞，当细胞不断繁殖占满整个培养皿之后，便开始逐渐死亡。

大桥

那也是一种致死性系统。但是味噌和酱油等调味料不是这样，它们世代延续，在有限的空间内一直维持着生态系统的活性。在培养皿中，在最理想的培养条件下培养生物，但是瞬间培养出大量生物后，这些生物便会全部死亡。从生物培养中我们可以找到很好的讨论素材。比如，日本酒的酿造是由三种微生物共同完成的。最初是曲霉将淀粉分解为糖，进而乳酸菌得以繁殖，pH 值降低。以上过程为酵母提供了最佳的生存环境，因此酵母数量增多。最复杂的是酱油糟和味噌的制作过程，在狭小的空间中，维持着微生物多年的复杂活动。将这种生态型繁殖与培养型繁殖做比较，可以看到两种增长方式：一是在培养皿中迅速占据最佳生存空间，迅速增长后又迅速灭亡的培养型增长方式，这代表农耕畜牧文明的类型；二是像酱油糟和味噌的制作那样，维持着生态世代延续的发酵过程，这代表稻作渔捞文明的类型。

安田

稻作渔捞文明与发酵原理完全吻合。

大桥

是的。稻作渔捞文明从一开始就是在有限的框架结构中循环利用资源，并使之能够循环再生。不注重资源循环再生、一味扩张的文明，终将走向灭亡。因为地球过于庞大，灭亡只是时间问题。

稻盛

大桥先生刚刚提到味噌的生态系统是一直持续着的。如此说来，确实，在科技还不发达的年代，如果有伤口被细菌感染导致淋巴结肿大的情况，母亲就会泡点生味噌给我喝，这是因为味噌中的菌能杀死病菌，味噌中的菌是一直处于存活状态的。

大桥

是的，有很多种细菌在外来物种入侵时，会选择抵御入侵或者融合，从而保证生态系统得以维持，十分了不起。

农耕畜牧文明也是很了不起的文明，但是希望大家能够明白，这是一种无法持续的文明，一旦达到极限，就会走向灭亡。关于这一点，希望我们大家能协助安田先生一同通过浅显易懂的例子得出结论。同时，我们还要提出有不同的方法，告诉人们"可以这样做""一直处于农耕畜牧文明的人们也能做到"，这一点也很重要，甚至可能还要对一直过着农耕畜牧生活的人们表示关怀。我在前文中已经讲过，欧洲式文明是可悲的文明。

农耕畜牧生活方式肯定很辛苦，因此人们发挥自身的聪明才智才得以顽强地生存下来，我认为这一点还是很了不起的。但是，过分努力会导致整个地球濒临灭亡。从这一点上来讲，我们可以通过实例得知，农耕型、霸权型文明最终只能走向灭亡。

安田

同样是发酵，奶酪的发酵过程是什么样的呢？

大桥

比如，蓝纹奶酪中的罗克福尔干酪。通过在奶酪中加入娄地青霉菌，并用金属丝扎出气孔，空气进入奶酪中促使菌类繁殖,分解出蛋白质,从而做成美味的罗克福尔干酪。这和日本的发酵食品不一样,它是一种纯粹培养。

安田

确实是纯粹的培养方式。

大桥

因为只有一种菌存活,因此很难培养。一旦有其他菌入侵,就会腐烂。

人类为何而存续

松井

我已多次重复强调,我们必须在思考"人类为何而存续"的基础上,探讨生存问题。单纯的生存对于我们来说并不是很难的事情,我们要意识到,探讨"为何而存续"才是最重要的。迄今为止,世间几乎没有人探讨过"人类为何而存续"这个问题,只是一味地探讨"生存"这个话题。

若不探讨"人类为何而存续",那么就失去了创造人类圈并生存其中的意义了。我们并非单纯地想从生物学的角度更长久地生存下去而创建了人类圈。若是如此,那么就当生物圈中的一粒种子而生存吧,至少种子可以存活 700 万年。这样,也就不会才经过 1 万年就面临如今这样的局面。因此,这种生存方式并不适合长久生存的战略。他们肯定是为了某种目的而创建了人类圈并生存其中。因此我认为,不探讨"人类为何而存续",而一味地探讨生存策略是无法解决目前的问题的。

稻盛

那么,究竟是为何呢?

松井

对于这个问题,我发表下个人的见解。

稻盛

松井先生能否不从个人而从全人类的角度来进行阐述?

松井

关于全人类的答案还是比较难的。

大桥

总而言之,生物拥有能够通过化学反应实现自我繁殖的结构。可以说,生物犹如一个自动装置,只要生存就能繁殖,并且一直持续生存、繁殖的过程。在维持生存的过程中,实现了进化，拥有了死亡基因，在生命走到终点的时候，自我分解后归于尘土，而后消失殆尽。智人之外的生物，只要遵照遗传规律生存即可。但是，人类是个例外。正如之前所言，不适合人类存续的文明无限发展，破坏了地球系统。如果我们不尝试将地球恢复原貌，那么人类就无法与地球实现和谐共存。从这点上来看，解决文明问题或许应该成为我们的目标之一。我个人认为，如此我们就能得以存续。

松井

我认为，以上观点存在伦理上的矛盾。最初，我们是为了创建文明才创建了人类圈，这不过是个实验。并非如大桥先生您所说的，是为了某个崇高的目的。只是因为，刚好智人在生物学上不同于其他人类，拥有两个特质，所以就选择了这样的生存方式而已。

大桥

我赞同您提到的偶然性问题。淘汰与进化同样如此，是由于遗传基因的随机排列而产生的，对于生物本身来说并没有价值与目的性。但是发展至今，由于人类的生存经营活动，造成了其他生命及地球本身也深受牵连，备受威胁。作为知道了这一事实的人类（主要是处于农耕畜牧文明的人类），是不是应该担负起与地球上其他生物不同的责任？以上只是我个人的想法而已。

松井

我认为,现在我们得以在 137 亿年的时空中对人类进行定位,因此我们只能在这中间找寻答案。但是,直到 20 世纪末,我们还未探讨出个所以然来。

安田

是从生命诞生开始吗?

稻盛

不,是从宇宙诞生以来。

松井

动物一般只能生存在固定的时间和空间中,但是只有我们人类可以将时空的范围扩大。现在,我们就是在被扩大的时空中,思考"何为人类"以及"人类为何而存续"这两个问题。

"小船的警笛"与"我关联,故我在"

稻盛

现在,人类已经可以对染色体组进行解读,所以个人的遗传基因也全部能够被解读,甚至可以判定出"你身体里携带这种疾病基因,因此有可能会得这种疾病"。如今,大家都强调不能泄露个人信息。我感觉，这种掌握个人信息的程度，已经有点干预到了神灵所属的领域。大家都认为，科学技术得以继续发展下去是很危险的。这种危险性不仅体现在原子弹爆炸，我们甚至可以从遗传基因工程中看出。这种文明的进化在加速，最终会把人类推向灭亡。我们的研究必须包含以上这些内容。

松井

现在，至少在欧洲国家，已经开始倡导将生命伦理的概念写入各国的宪法中。我认为，未来我们也必须将地球伦理写进宪法。若人类真的担心地球气温上升问题，那么总会探讨出从技术上预防这个问题的对策，极端点来说，只要增加云的数量就可以。但是，我们有必要讨论一下我们是否都认同上面的方法。或许，再过10年或20年，真的可能会出现需要探讨人类是否应该通过人为的手段干预地球的情况。我认为，"地球伦理"问题会与"生命伦理"问题一同提出。

安田

防止地球温度上升的方法之一，就是向海洋里撒入铁。海水中没有铁的成分，铁会赋予海水营养成分，一旦向海洋里撒入铁，浮游生物就会大量繁殖，吸收二氧化碳，从而使温度降低。现在，我也在思考像这类通过人为手段干预地球规律的做法是否可行。

稻盛

但是，就算把地球上全部的铁都撒入海洋也还是不够的。

大桥

赋予"何为生命"这一问题全新的解释，乍一看似乎是在走弯路，但是这对于从根本上解决地球危机是不可或缺的。

安田

正如稻盛先生所言，"虽然是小船的鸣笛，但是只要响起，就会有其他小船来回应"。我觉得，这一点我们似乎是能做到的。笛卡尔的"我思，故我在"的思想，最初也是发源于欧洲小镇的某个角落，后来成为主导世界的思想。这次，换作日本来鸣笛，争取获得更多的支持者。

松井

我认为，现在应该是"我关联，故我在"。虽然"关联"这个词是否准确还有待商榷。

安田

我赞同采用"关联"的说法。

松井

我想要表达的是，该如何构建这个架构。我们现在正处于必须探讨具体对策的阶段。

安田

我们该如何发出号召呢?

松井

除了这个问题,我们还要思考如何能让世人对这些问题产生共鸣。

安田

谢谢。

第 2 章
预示地球文明未来的非洲的惨状

石弘之

环境与文明的关系

关于环境与文明共生或共存，我们脑海中浮现的是什么样的情景？可能想到的情景会因人而异，但是这种共生或共存在现实中真的存在吗？接下来，我将围绕这个重点阐述我的见解。

将环境论与文明论一起论述，并不是很久远的事情，最多也就是近 30 年的事情吧。我在 1978 年时曾翻译过一本著作——《逐渐消失的大地》，在这本书中，展开论述了生态文明论。近年来，越来越多的人将环境与文明作为对立的概念来进行论述。作为对环境史感兴趣的研究者之一，我也想在这里阐述我本人研究成果的一部分。

要想探究这个问题，是否只能从"何为环境"开始研究？我曾在《环境学方法论》(东京大学出版会㊀) 一书中，总结了这一问

㊀ 东京大学出版会，属财团法人组织。东京大学校长担任会长，主要出版有关于东京大学各式学术活动方面的书籍刊物。——译者注

题的多方论述观点，但也是不得要领、模棱两可的总结。虽然查阅众多文献，最终也没有找到可以令人信服的定义。所以，在此就不针对环境的定义展开探讨了。

我通过研究得出的结论是，"环境"与"文明"并非对立的概念。我认为，现在我们谈论的"环境"这一概念是从文明中衍生而来的，包含于"文明"的概念之中。也就是说，环境问题是在我们文明发展的历程中必然出现的问题。可以说，环境问题是文明发展过程中存在的不可避免的风险。

从这个意义上来看，"与环境和谐共存的文明"在现实中几乎是不可能存在的。只要人类继续追求文明，就不可避免地会破坏自然环境，顶多就是采取一些将环境破坏减少到最低程度的对策罢了。在此，我们有必要对"破坏"进行定义，我认为，"破坏"是"使环境很大程度上发生不可逆的变化"。

对于"文明"与"未开化"的认识

19～20世纪，对于"何为文明"的争论十分激烈，众多哲学家和历史学家提出了无数的定义。这些定义中的主流观点，是将"文明"与"未开化"作为对立概念进行阐述。"文明"指的是拥有高水平文化的光明的世界；"未开化"指的是文明之光无法到达的野蛮、黑暗的世界。

受大卫①进化论影响的社会进化论，以及从"未开化"向高水平文化发展的"历史的进步史观"，为这些观点提供了理论支撑。但是，对于文明的探讨，逐渐从"适者生存，优胜劣汰"的观点演变成强者理论，甚至成为帝国主义侵略弱国的正当理由。这些观点进而被殖民主义者所利用，成为他们侵略的保护伞，他们自以为是地认为，使"未开化"的社会朝着"文明"的方向发展是基督教徒的职责。

纳粹主义结合社会进化论提出了优生学②的观点，大量屠杀犹太人。各国开始实行绝育法、隔离法③等优生学的政策，美国的卡内基财团及洛克菲勒财团甚至还支持优生学的研究。

进入20世纪，美籍人类学家弗朗兹·博厄斯（Franz Boas）提出了文化相对主义，人们开始探讨文化的对等性。社会进化论由于成了人种差别和人种歧视的"保护伞"，遭到了世人的强烈批判。20世纪中期，遭到列强侵略的殖民地相继实现独立，取得了国家自治的权力，"文明"与"未开化"之间的区别逐渐消失，西方文明在失去政治性支持之后，优越地位的神话也随之幻灭。

从"文明"与"未开化"的观点来审视环境问题，那么自然环境就属于"未开化"领域，而"城市化"才符合西方文明中"文

---

① 大卫·布林尼（David Burnie），英国著名的科普作家，曾在英国布里斯托尔大学学习动物学和植物学。——译者注
② 1883年由英国遗传学家高尔顿所倡导的，研究使人类遗传素质提高或减退的社会原因，以谋求改善、防止遗传素质恶化为目的的应用遗传学的一个领域。——译者注
③ 因地理环境等方面因素干扰，使本能杂交的生物群不能杂交的现象，成为物种分化的原因。——译者注

明"的深层含义。他们认为，通过人为改变自然环境，是符合神的旨意的正确行为。

例如，16世纪移居到墨西哥的西班牙人，一味砍伐树木，将许多森林变成了秃山。虽说西班牙人过度放牧也是森林消失的原因之一，但是过度砍伐对森林的影响更大。

这些人当中，大部分来自西班牙的中部和北部的高原地带——卡斯蒂利亚地区，卡斯蒂利亚是"鸟儿都无栖息地"的荒凉之地。他们相信，上帝的旨意是将墨西哥也开化成和故乡一样的光景，因此大力改造墨西哥的自然环境。实际上，有记录显示，他们还将此"成功之举"沾沾自喜地告知故乡的主教。

当然，这个时期也出现了反对破坏、主张保护自然环境的运动。19世纪中期，英国爆发了环境保护运动；1843年，由曼彻斯特当地牧师自发组织成立了世界上最早的反公害团体——"曼彻斯特煤烟防止协会"；1867年，英国成立了世界上最早的野生动物保护协会。这些初期运动爆发的原因，大多是因为危害意识及慈悲心。他们认为，附近工厂排放的废气危害身体健康，遭受虐杀的海鸟十分可怜。人们产生现代意义的环境问题意识，应该是之后100多年了。

文明内部的普遍性、合理性和功能性

接下来，我想阐述文化与文明的定义。众所周知，"culture"

一词出自农耕社会,与此相对应的是"wilderness"(原生自然)。最初,人类只是在河流的冲积平原进行农耕活动,随着人口不断增多,人类开始毁林造田。

在这个阶段,人类的活动还只不过是改变原生自然的一小部分而已,这种改变对环境的影响,与非洲象推倒树木,使森林变成草地的影响差不多。这个阶段的农业,由于气候、风土、地形与农作物的种类不同,形成了多种地域特征,各地域之间几乎没有普遍性特征,最多也就是都处于"农耕文明"阶段。

铁器的普及使得农耕文明发生了戏剧性的改变。对于制铁技术开始普及的时间及民族,人们持有不同的看法,但是普遍观点认为是从公元前15世纪开始,始于小亚细亚[一]的赫梯帝国。随着铁器的普及,斧头、农业器械、烹饪厨具等各种器具都实现了飞跃式发展。铁制斧头的诞生,使得砍伐森林的速度大幅加快,人类开垦荒地及农耕的效率也同步提升。另外,烹制食物也变得简单起来,人类可以轻而易举地获取食物。在这个背景之下,人类的活动范围扩大了。

同时,随着铁器的应用、武器性能的提升、狩猎效率的提高,战争的杀伤力也明显增强。人类开始通过高性能武器相互抢夺通过农耕积累的财富,一些民族依靠武力镇压创建了强大的国家。同时,大型野生动物的受难史也随之来临。

㊀ 安纳托利亚(Anatolia),又名小亚细亚或西亚美尼亚,是亚洲西南部的一个半岛。——译者注

经过优胜劣汰之后，农作物、家畜及各种制造技术中得以保存下来的逐渐被传播、普及和统一，促进了拥有普遍性文明（civilization）的诞生。可以说，铁器是文明的原动力。"文明"的对立概念是野蛮"未开化"（barbarity）。"barbarity"一词源于希腊人对于其他非希腊人的称呼"barbaros"（复数形式是barbaroi），狭义上是指居住在巴尔干半岛东部的色雷斯人。有一种说法是，希腊人觉得异族人说话听起来像在说"barbarbar"，所以称他们为"barbaroi"。也许，和许多欧美人印象中日语的发音一样。

在人类发展历史中，首先是在"城市生活"的经历中创造了文明。城市生活意味着人们从受气候和水利条件所支配的未开化生活中解放出来。居住在城市中的"市民"（civil），一直是作为"未开化人"的对立概念而存在的。"市民化"（civilization）一词也正是来源于此。

司马辽太郎在《美国概况》（新潮文库）一书中，阐述了"文明"与"文化"的定义。我认为，司马辽太郎的定义是众多观点中最清晰易懂的：

> 人类群体的支点就是文化与文明。文明拥有所有人都可触及的普遍性、合理性和功能性。与此相对，文化是不符合常理的，只适用于特定群体，很难普及到其他群体中，也就是说，文化是非普遍性的。

欲望无限扩大衍生的悲剧

人类在追求文明内在的普遍性、合理性和功能性的过程中，扩大了生产，促进了人口增长，催生了对食物与资源的争夺之战。为了争夺食物与资源，人类大力发展武器和作战技术，同时，更大程度上扩大了食物和资源的生产规模。

为满足消费而进行的生产活动，不知不觉间演变成了为生产而进行的消费，向"大量生产""大量消费""大量废弃"的现代文明发展是其必然结果。同时，经济模式也变成了先是大量生产产品，而后通过宣传的手段对产品进行销售的模式。

文明将人类的欲望无限扩大，使森林承受了巨大的压力。人类在发展的过程中发现了铁器的便利性，大量生产铁制品。随着铁制品生产数量的增加，炼铁所需的炭的生产也必然急剧增加，因此人类大量砍伐树木。在气候干燥、降雨集中在冬季的地中海式气候地区，林木再生能力较低，森林在逐渐消失。

森林最早开始消失的地方，是最早开始炼铁的西亚（亚洲西部阿富汗至地中海东岸地区的总称）、地中海沿岸及大量使用铁制品的中国华北地区，甚至在西欧，铁制品的生产也成了森林遭受破坏的源头，铁器的普及对地球环境造成了毁灭性的破坏。日本也加入了疯狂炼铁的行列，正如"铁器是山林制造的"这句话所说的那样，生产5吨的钢铁需要耗费15吨的木炭。甚至还有一种说法，认为一次炼铁作业就需要砍伐一座山上所有的树木。但是，日本拥有森林再生的最佳气候条件，很早就开始植树造林，因此不会发生西欧那样的情况。可以说，日本是众多国家中的例外。

在15世纪和16世纪，法国和英国木材不足的问题就已经很严峻了。由于木炭不足，被称为"脏能源"的煤炭成为最大的燃料源。1850年，煤炭成为各产业使用量最多的能源，英国炼铁使用的能源总量中有2/3是煤炭。自此，化石燃料作为文明的主角登上历史舞台。100多年后的1960年，石油取代煤炭，成为新的文明社会的主角。

到了今天，化石燃料已经取代铁器，成为现代世界文明的基础。从材料的使用量来看，以石油为原料的塑料的使用量远超钢铁。由于过度消费，人类排出大量的二氧化碳和有害物质，致使世界面临着气候变暖、环境污染的危害。过去，许多文明由于森林遭受破坏而衰落消亡；现在，石油掌握着世界文明兴亡的命脉。虽然如此，但我们也不可能回到绳文时代⊖，文明总是不可逆地向前发展，我们能做的只有减缓文明衰退的速度。

现在，地球所面临的环境危机是"人类的活动已经远远超过了地球的承受能力"。如果人类砍伐的速度继续超过森林再生速度的话，森林终将消失。如果人类排出的二氧化碳量超过地球所能吸收的量，多余的二氧化碳将集聚在空气中，导致地球气候变暖。解决地球环境问题的对策只有一个，那就是将人类的活动控

⊖ 1.2万年前至公元前4世纪左右，处于后冰期的日本石器时代。——译者注

制在地球可承受的范围之内。但是，地球上的人口以每年7000万人的数量在不断增长，每个新增人口的诞生，必然需要居住空间、食物、衣物和能源。已经诞生于世的我们能否与未来世代的人共享有限的资源呢？

因人类欲望膨胀而恶化的地球环境

回顾人类历史，20世纪是人类历史上首次将欲望的解放普及到普通市民的时代，对于长寿、吃饱以及性自由的欲望已经普及到普通市民。在追求欲望的过程中，人类寿命不断延长，现在世界人口的平均寿命是67岁，达到了日本昭和四十年（1965年）时的平均寿命。

但是，根据联合国最新报告，全球饥饿人口数量已经超过10亿人，也就是说，世界上每六七个人中就有一个人面临饥饿问题。与此同时，世界肥胖人口数量居然达到20亿人，饥饿与胖肥的两极化正在不断发展。

如果世界人口照此速度不断增长，会带来什么后果？2008年联合国对人口的最新预测数据显示，到2050年，世界人口数量将达到91.5亿人，虽然这个数据与两年前的预测数据91.9亿人相比有所下降，但世界新增人口有98%将来自贫困国家及地区。我认为，到2025年，在世界人口突破80亿人口大关之时，地球将会出现大变动（见图2-1）。

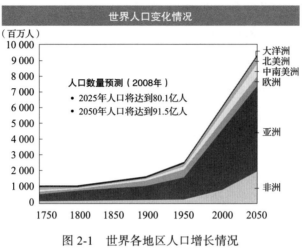

图 2-1　世界各地区人口增长情况

根据联合国粮食及农业组织（FAO）的预测，2000～2050年，全世界对于粮食的需求将增长66%，对于肉类、鱼类和贝类的需求将增长100%，对于林产品的需求将增长120%，而且在这50年间，人口数量将增加150%。从数字上来看，未来人类将面临食物不足的问题。从2025年左右开始，将产生较大的食物供需矛盾，这也是地球产生大变动的依据所在。

实际上，世界上已经发生了出乎意料的变化。1961～2005年，从与农业生产相关的各要素的变化来看（假设1961年的数值为100），人均耕地面积减少了一半。农作物收获面积在1981年达到史上最大面积之后，不仅没有增长，反而持续减少。也就是说，农耕面积没有增加，但是收获量实现成倍增长。这意味着，人类在农地投入了大量的农药和化肥，使得农作物产量可以达到两倍。在20世纪60年代，世界人均耕地面积是0.5公顷，由于人口增长,现在人均耕地面积已经减少到0.2公顷。

从图2-2可以看出,营养不良人口的问题也十分严重。如上所述,饥饿人口主要集中在撒哈拉以南非洲,根据近年来饥饿人口的数量统计,非洲有300万人,朝鲜有120万人,虽说人类社会已经基本上摆脱了饥饿问题,但是仍然会定期爆发大规模的饥荒问题。

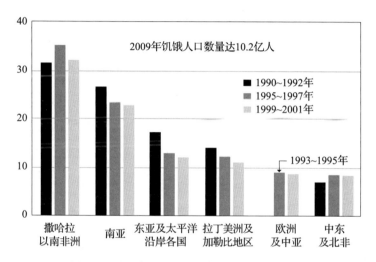

图2-2 世界各地区营养不良人口的变化情况

资料来源:The State of Food Insecurity in the World, FAO, 2003.

图2-3显示的是地球所能承载的最多人口数,据我所知,世界上目前有大约65项研究对此进行了预测。在此,我想介绍一下最经常被引用的两种数据研究。第一个是美国环境智囊机构——世界观察研究所(World Watch Institute)所发表的研究数据。从人均食品消费量来看,按照美国人均一年的食品

消费量 800 千克来算,地球最多可承载 27.5 亿人,而实际上,世界人口在 1954 年就已经超过了这个数字;如果按照意大利人均一年的食品消费量 400 千克来算,地球可承载人口 55 亿人,这已是极限,而世界人口在 1993 年已经超过了这个数字;最后,如果按照印度人均一年的食品消费量 200 千克来算,世界人口预计在 2100 年超过极限。联合国粮食及农业组织经济学家的研究也得出了类似的结果(见图 2-4)。经济学家也推测过,如果按照日本的生活方式,地球承载人口数量可达到 61 亿人。因此,按照日本人的生活方式,也许可以养活现有的人口。梵蒂冈预测了更高的人口极限数字——150 亿人。另外,还有可能达到 200 亿人的预测。我认为,100 亿人已经达到了地球可承载的极限。但是,日本农业生产逐渐衰退,农业生产在 GDP 中所占的比重只有 1%,大米之外的其他农作物的生产尤为严峻。

图 2-3 地球可承载人口数量 1

资料来源:美国世界观察研究所。

图 2-4 地球可承载人口数量 2

资料来源：联合国粮食及农业组织（FAO）经济学家威廉·本德。

如上所述，世界在面临粮食不足问题的同时，肥胖人口却在不断增加。在世界各国中，美国成年男性肥胖人数的占比最高，为30.5%，而日本的占比非常之低。

另外，水资源的开发利用也接近了极限。其中，非洲、中东、中亚地区的水资源不足问题最为严重。在制约未来地球发展的因素中，水资源和粮食一样，都是重要因素。若没有水资源，粮食也无法得以生产，位于中亚哈萨克斯坦的咸海，由于周边农业生产用水的消耗，目前面积已经缩小了10%。

中国水资源不足的问题也较为严峻，中国西部与北部的大部分地区都面临慢性水资源不足的问题。美国的农业经济学家莱斯特·布朗（Lester Brown）发出警告称："中国的崩溃，将从水资源不足开始。"迄今为止，黄河已经发生了500多起洪涝灾害。但是近年来，黄河断流的次数在不断增加。1977年，黄河从中游到河口大约有 700 公里的范围出现了断流,其原因在于降水不足引发的旱灾和农业过度用水。像黄河这样的大河尚且出现河水断流的情况,这意味着,在不久的将来,水资源不足的问题将更为严峻。

更为严重的是,现在世界上很多地区开始依赖地下水,其中最具代表性的是美国。美国小麦生产的 40% 用水来自地下水,特别是享有"世界粮仓"之称的美国中西部地区,地下水显著减少,较为严重的地区,每年地下水水位甚至下降 10 米。近来,地下水开始出现盐污染问题,地下水不足导致美国农产业崩溃,地下水资源枯竭的问题,在亚洲和非洲也同样存在。

遭受持续性破坏的生态系统

人类破坏生态系统,使得人类对抗自然灾害的能力变得十分脆弱,从近年来发生的自然灾害可以看出,其造成的后果甚为严重(见图 2-5)。美国南部遭受飓风卡特里娜的侵袭,给美国造成了严重的破坏;孟加拉国两三年必然发生一次大洪水;甚至,近年来印度尼西亚的洪水灾害也越发严重,印度尼西亚的洪水与周边的森林大量遭受砍伐有巨大的关系。

地震和旱灾在世界范围内发生的频率也越来越高,人们认为这是由气候异常引起的,但实际上,能够引发自然灾害的气象异常现象并没有增多。数据显示,1 万平方公里范围内一年只会发生 0.27 起气候异常事件，在过去的数十年间，这个频率并没有发生变化。那么，为何自然灾害的数量在增加呢？原因之一就在于，能够抵御自然灾害的生态系统如今已经变得十分脆弱；另一个原因是，在容易发生自然灾害的地区，居住的人群过于密集。

图 2-5　19 世纪美国西海岸砍伐森林实景

图 2-6 砍伐大树的照片，是 30 年前我刚到非洲工作时拍摄的。在当时，砍伐这样一棵大树需要花费近一个月的时间。若是现在使用链锯的话，大概只需 2 日便可轻松砍倒。拥有如此大树的森林，现在在非洲也几乎看不到了。地球环境恶化，最显而易见的变化便是大树已从地球上消失匿迹，而其中大部分都是被人类砍伐的。通过森林面积、耕地面积与人口增长之间的关系来探究地球土地利用形式，可得出以下关系：人口增加导致耕地面积增加、森林面积减少（见图 2-7）。由此可知，人类为了自身饱腹，不惜大量砍伐森林。

20世纪70年代，在科特迪瓦
有许多这种巨大的树木

图 2-6　非洲砍伐巨木实景

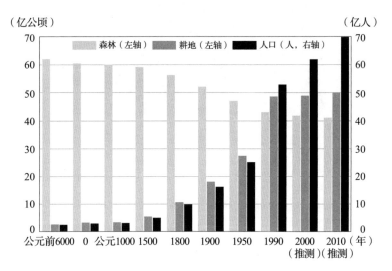

图 2-7　土地利用形式与人口的历史性变化

资料来源："Omissions,Commissions and Decisions-The Need for Intergrated Resource Assessments," ERIM International, Lund and Iremonger, 1988。

现在，地球上仅存的原始森林的面积是最初的 1/3，其中南半球的森林破坏情况尤为严重。令人意外的是，中国的森林覆盖面积反而在增加,这是因为在这十多年间,中国推行植树造林政策。过去,印度尼西亚苏门答腊岛80%的面积都被森林覆盖(见图 2-8),但是,现在森林覆盖面积已经减少到全岛面积的百分之十几。2004 年,苏门答腊岛附近海域地震引发的大海啸造成了重大灾害,沿岸红树林遭受大量砍伐是造成本次自然灾害的原因之一。

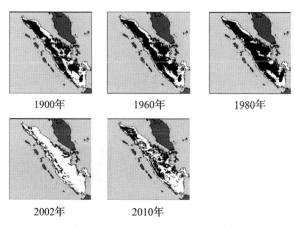

图 2-8 苏门答腊岛森林面积的变化

资料来源:世界银行,2001。

食物资源的枯竭也是一大问题。从图 2-9 所示的数据可以看出,世界鱼类捕获量已经达到了极限。自 20 世纪 80 年代末,世界鱼类捕获量开始下降。由于人类的过度捕捞,大西洋东部及秘鲁附近海域几乎一半的鱼类近乎灭绝。毫无疑问,在世界天然资源中,人类对鱼类的捕捞量将最先超过合理限度。因此,今后鱼类的价格也会越来越高。

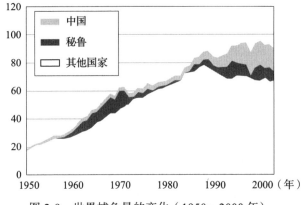

图 2-9 世界捕鱼量的变化（1950～2000 年）

资料来源：联合国粮食及农业组织通过 EPI 绘制。

有数据显示，在人类食用的鱼类中，鳕鱼占比最高。图 2-10 就是 19 世纪中旬在美国东海岸捕获的鳕鱼，照片中的鳕鱼在当时只能算正常尺寸，而现在捕获的鳕鱼体长都不超过 30 厘米。1620 年，英国的清教徒乘坐"五月花号"⊖移居美洲新大陆，其目标就是鳕鱼。波士顿有一个叫"Cape Code"的地方，其意思就是"鳕鱼角"。最初登陆美洲新大陆的人类，依靠的是从原先食物就不充足的原住民那里抢夺食物，或

图 2-10　19 世纪中叶捕获的普通大小的鳕鱼

⊖　1620 年，英国清教徒移居美国时乘坐的帆船的名称。——译者注

者出海捕鱼维持生存。

但是到了 1992 年，鳕鱼的捕获量几乎为零。英国经济学家亚当·斯密曾在他的著作中大力称赞美国丰富的鱼类资源，而现在基本枯竭了。有研究称，因为鱼类资源枯竭，有近 30 万人失业。到现在，虽然每年都会有解禁开捕的传闻，但是政府还是继续推行禁止捕捞的政策。日本鲱鱼的命运也和美国的鳕鱼一样。原先其数量之多，成群的鲱鱼可以使大海变成青黑色，如今由于人类的过度捕捞，数量已经锐减。这一事实，实在令人惊叹。

非洲的现状预示着地球文明的未来

如今，新型病毒也不断出现。表 2-1 罗列了 1970 年之后出现的突发性病毒的名称。其中，最为人所知的应该就是人类免疫缺陷病毒（HIV，艾滋病病毒）和禽流感病毒吧。众所周知，这些病毒的出现与自然环境遭受破坏有巨大关联。

表 2-1　1970 年以后主要的突发性病毒

年份	病原体	疾病
1973	轮状病毒	婴幼儿腹泻
1977	埃博拉病毒	埃博拉出血热
1977	汉他病毒	肾综合征出血热（流行性出血热）
1980	HTLV-1 病毒	成人 T 淋巴细胞白血病
1983	HIV	艾滋病
1988	HHV6（人类疱疹病毒 6 型）	突发疱疹

(续)

年份	病原体	疾病
1988	E 型肝炎病毒	E 型肝炎
1989	C 型肝炎病毒	C 型肝炎
1991	Cuanarito 病毒	委内瑞拉出血热
1994	Sabia 病毒	巴西出血热
1995	G 型肝炎病毒	G 型肝炎
1997	禽流感病毒	高病原性流行感冒
1998	Nipah 病毒	Nipah 病毒性脑炎
1998	西尼罗病毒	西尼罗热
1999	马尔堡病毒	马尔堡热
2003	SARS 冠状病毒	SARS（非典型肺炎）

有数据显示，迄今为止，世界上大约有 4000 万人感染了艾滋病病毒，世界上每年因艾滋病病毒而死亡的人数约为 300 万人。艾滋病与 14 世纪在欧洲流行的鼠疫及西班牙流感⊖共同被称为世界史上的三大疾病。虽然艾滋病无法痊愈，但是随着人类不断研发抑制病情发展的药物，在发达国家和地区，艾滋病已经不是危及人类性命的疾病了。然而，在非洲，由于药物价格依然昂贵，每年有 200 万人因艾滋病而死。在非洲南部的斯威士兰，成年人中有 23% 的人感染艾滋病病毒。世界卫生组织（WHO）有研究数据表明，一旦禽流感病毒开始流行，世界上将有 15 亿人严重感染、5 亿人死亡。此次的猪流感病毒的毒性似乎不高，但一旦病毒发生变异，有可能会酿成西班牙流感那样的悲剧。也许

⊖ 1918 年夏秋季流行的世界性急性流行性感冒，因最初在西班牙流行而得名。——译者注

在不久的将来，将会爆发大型流感。最新研究数据表明，1981年因西班牙流感死亡的人数，包括至今未做出统计的非洲及印度在内，有8000万～1亿人。当时，全世界25亿人中，有一半人感染西班牙流感。

人类毁灭的过程

最后，我想思考一下人类文明崩塌的过程。现在，人类已经在40%的地表上留下了自己的印记，开垦耕地、建造城市、兴建道路、填海造地，通过人类的活动改变着地球。根据联合国预测，到2050年，人类活动的范围将扩大到地表面积的70%，到那时，无论我们再怎么呼吁保护环境，也无济于事了。到2050年，经济发展规模不断扩大，资源消耗总量不断增加，环境污染与环境破坏问题越发严峻，生态系统也将失去平衡。最终，在粮食不足和环境污染的影响下，人类文明走向崩塌。以上，便是我所预测的人类文明走向灭亡的过程。

我是研究非洲的学者，从非洲的现状来看，我认为非洲现在经历的变化，正是地球未来将经历的变化。非洲现在有2.3亿人，每3个人中就有1个人正在饱受饥饿之苦。特别是近年来，受世界性粮食价格上涨的影响，情况更为严峻。众所周知，生物燃料的生产耗费了大量的粮食，这也是造成粮食价格不断上涨的原因。

如今，粮食生产已经与能源问题息息相关，密不可分。就日本而言，每生产 1000 卡路里的食物需要耗费 1 万卡路里的石油。也就是说，不投入 1 万卡路里的石油就没办法生产热量相当于 1000 卡路里的大米。因此，在贫穷且资源匮乏的非洲等地区，粮食不足问题渐渐变得严峻。

加之，非洲每年因自然灾害而死亡的人数平均为 50 万人，而且至今已有 2600 万人死于艾滋病感染。有数据表明，17～19 世纪，世界范围内被贩卖的黑人奴隶达到 3000 万人，其中价位最高的是十几到二十几岁的年轻黑人。年轻阶层是支撑非洲社会发展的力量，他们被贩卖为奴隶，使非洲失去了大量年轻劳动力，这也是非洲迄今为止未能走出经济低谷的原因之一。另外，因感染艾滋病病毒而失去生命的人群也以十几到三十几岁的年轻人为主。从人力资源的角度来看，被抽离了这部分年轻劳动力的非洲，无法抑制社会衰退的脚步。

上文一直提到，地球极限终将到来，现在看来，地球的未来已经在非洲提前上演。我认为，地球的极限不是终将到来，而是已经来到非洲了。

人类活动原理三法则限制了地球环境对策的制定

我认为，人类的活动原理遵循着以下三个法则，而这三个法则自始至终都制约着人类解决问题的脚步。

1. **错误性聚合**

所谓错误性聚合，指的是每个当事人觉得最佳的想法聚合在一起反而产生反作用。每个人都有梦想，有人想换台大电视机，有人想买空调，有人甚至想建一栋自己的房子。日本有5000多万户家庭，每实现一个这样的梦想，都会增加日本二氧化碳和废弃物的排放量。

2. **生活价值的不可逆性**

很多人认为，提高生活的快捷性和便利性才是生活的价值所在。一旦生活水平提高了，再想通过自己的行动降低标准，便是很难的事情。若想要实现日本鸠山政府时期所倡导的低碳社会，减少25%二氧化碳排放量，至少需要禁止一般家庭对于空调和汽车的使用。但是，有多少人能保证不用呢？

3. **路径依赖性**

在某个时点做出的选择，即使当初做选择时的条件发生变化，选择依然存在。这一法则如实说明了，要改变已经适应的日常生活方式是十分困难的事情。美国前副总统戈尔（曾获得"诺贝尔和平奖"和"奥斯卡金像奖"）一年需要花费500万日元以上的电费和燃气费，还曾被媒体曝出住在带有温水泳池的豪宅。像戈尔这样担忧地球未来的人，尚且无法改变自己已经适应的生活方式。

我们一直将帮助发展中国家提高生活水平视为发达国家的使命，发达国家一直对印度等国家进行人道主义援助。结果，这些国家的经济确实实现了飞跃式发展，但是同时，当地国家对于资源、能源和粮食的需求也随之剧增，成为物价上涨的导火索。发展中国家二氧化碳的总排放量总有一天会超过发达国家。日本虽然物质泛滥，但是粮食自给率只有40%，其中小麦的自给率只有13%，大豆只有5%，在主要发达国家中处于较低的水平。但是，被浪费的粮食总量达到了粮食供给总量的1/3。向日本人倡导"清贫的生活方式"，应该会被当成笑话吧。

今后，人类将何去何从？虽然地球还有50亿年的寿命，但是可能在此之前，地球就会毁于人类文明。列维·施特劳斯曾在他的著作《忧郁的热带》的结尾写道："世界在人类未诞生之前便已存在，也将会在人类全部灭亡后毁灭。"

讨论 | 围绕第 2 章

（按发言顺序排名）

参与者：松井孝典、石弘之、安田喜宪、甘利俊一、稻盛和夫、大桥力、伊东俊太郎

非洲已经进入崩塌的进程之中

松井

非洲是否已经进入崩塌的进程之中？

石

我是这么认为的。迄今为止，全世界在非洲投入的资金援助已经达到了6000亿美元（2010年）。但是，无论投入多大的援助，也没有好转的迹象。许多对于援助结果的研究都表明，不管一个国家投入金额是多还是少，在资金投入后，非洲的经济环境都未曾发生改变。因此，援助金的去向成为大家探讨的重点问题。

安田

也就是说,从全人类的范围来看,不管一个国家多么富裕,可以投入多少资金,也无法在非洲看到新的希望。

石

有出现一些好的改变,但是由于都是一些较小的变化,无法改变整体状况。有人曾说过:"崩塌的国家会从国际社会中一个接一个地消失。"我十分赞同这个说法。现在,撒哈拉以南非洲已经开始崩塌;印度虽然走上了经济发展的正常轨道,但是前景如何还有待观察;南美洲中部和南太平洋的许多小国家,一旦发生灾害,恐怕就会瞬间崩溃。

甘利

虽然非洲有撒哈拉沙漠,幅员辽阔,但是从现在实际的人口水准来看,已经超过了可容纳的极限人口数量了。

石

是的,非洲的人口密度非常之低。可能很多人会表示疑惑,为什么这么低的人口密度却已经达到了极限呢?正如您所说,非洲有撒哈拉沙漠,还有高山和沼泽地,但非洲的可使用耕地面积只有 20% 左右,而且耕地的生产率非常低。实际上,非洲所面临的问题是,仅有一半的耕地面积可用于生产活动。

甘利

那么,印度的土地资源会比较丰富吗?

石

并非如此,从人口总数来看,印度的饥饿人口是世界上最多的。

甘利

从自然的承受力来看,日本的人口数量已算较多,那么美国和中国的情况怎样呢?如果按照现有人口数量除以现有土地面积,中国可能快要达到极限了吧。

石

中国在 1998 年还能维持自给自足的生活,进口的粮食数量占比不大。之后,虽然变为粮食进口国,但是其本国的粮食生产量还是很多的。

但是,中国现在也开始步入老龄化社会的进程。因此,预计在 2030 年之后,中国的老龄化程度会较为严重。

稻盛

听了您的发言后我觉得十分担忧。

石

今天我们探讨的是"文明崩塌的进程"这个话题,因此会出现很多以上提到的令人担忧的事情。当然，也有一些明朗的情况，比如提到全球气候变暖的问题可能会引起很大的骚动，但是也有些地方的气温是在下降的——南极半岛的气温在不断上升，但是南极中部地区的气温在不断下降；在南极，有已经融化的河流，也出现了新的冰河。如果用片面的角度来看的话，地球既需要担忧又不需要担忧。

安田

我对于非洲的情况并不是特别了解，但是我觉得要使非洲富裕起来是一件很难的事情。从先前提到的粮食的角度分析，非洲人口数量与土地的矛盾已经非常突出。未来，可能提起非洲大家都会觉得那是野生动物的王国，是斑马和大象等野生动物居住的地方，没有人类居住。当然，人类不在非洲居住是不太现实的，但是撒哈拉沙漠以南非洲可能会变成上述描绘的情况。

石

人们常说，再富裕的国家，也会有低保人口的存在。日本也有低保人口，即使是在瑞典和挪威这样社会福利制度十分完善的国家，也有低保人口的存在。有人指出，我们只能把非洲当成人类的低保国家。到2030年之后，恐怕越南、泰国和印度等国家的劳动人口会开始减少。按此发展，最后世界上只有非洲有廉价的劳动力，这对于非洲来说或许是一个机会。我们可以期待，类似现在印度正在承接的外包业务同样可以在非洲开展。

安田

可能会出现这样的情况。非洲地下资源十分丰富，有几个非洲国家就是通过出口资源开始发展本国经济的。

为何各类严峻的问题会同时出现在非洲

松井

我想请教一下关于世界谷物生产量变化的问题。从1993年、1994年左右开始，谷物产量都是维持在一定数量范围之内的，为何到了2002年开始出现增加趋势呢？

石

这是因为谷物价格上涨。价格上涨，谷物的生产量就会增加，生产量与价格之间是紧密相关的。例如，在日本，如果哪一种蔬菜价格上涨了，那么农民就会开始种植这种蔬菜，和这个是一样的道理。而谷物价格上涨，是因为在澳大利亚发生了自独立以来的首次旱灾，并且持续了 3 年之久。此外，与生物燃料的使用也有很大的关系。

安田

从您的发言中我们知道了地球环境已经严重恶化。那么，能在这种恶化的趋势中生存下来的是哪些地区？

石

我觉得欧洲地区是能够存续下来的。欧洲人一次又一次地从残酷的环境中幸存下来，是因欧洲人有特有的坚韧精神。另外，通过大幅减少人口数量，日本应该也能得以存续吧。至于美国，有钱人能够存活下来，贫困人口想要存活应该很难。因此，灭亡并非源自地区，而是源自贫困阶层。15 世纪，在鼠疫结束之后，世界人口数量出现了暴增，恰巧又在这时发现了新大陆，因此人们开始迁移到美洲、澳大利亚和南非，从而减轻了欧洲的人口压力。但是，现在已经没有需要减缓人口压力的地方了。

甘利

移民的数量大概有多少？

石

我记得从 19 世纪末到 20 世纪初的 30 年间，有将近 600

万人移民到了美国。现在，在日本，关于接不接收外国劳动者的问题也备受争议。在这次经济危机中，有很多外国劳动者被裁员，但是日本迟早还是要接受外国劳动者的。

实际上，丰田、索尼等企业一直以来都是通过雇用日裔巴西人和其他国家的劳动者，来填补经济景气时期劳动力不足的问题。稻盛先生的公司应该也雇用外国劳动者吧？

稻盛

我们集团没有雇用外国劳动者，都是把工厂直接建在中国或美国等国家，直接使用当地的劳动力。

大桥

我想咨询您一个问题，您说非洲处于非常严峻的情况之中，您觉得这与非洲原住民的心性或是心理状态是否有关？我总觉得，非洲现在面临的问题与生活在非洲的原住民的性格、看待事物的角度和生活方式等有关，特别是这些严峻的问题都集中出现在非洲。石老师觉得其背景有哪些因素？

石

简而言之，就是地理环境和生存状况十分恶劣。非洲的土地条件很差，极端点来说，非洲的土地就像是玻璃粉末，大部分是长石和石英，因此无法开展农耕劳作。另外，如埃里克·克莱因在《文明的崩塌》一书中所指出的那样，撒哈拉沙漠是阻碍欧洲先进技术和外来人口进入非洲的一大障碍。

另外一个因素是，欧洲有山羊、绵羊和牛等家畜，非洲好像很少。家畜是十分重要的动力来源、食物来源和肥料来源。这么说来，非洲好像除了珍珠鸡和猫之外，基本上没有家畜。除此之外，非洲也基本上没有原产的粮食，非洲能够称霸世界的产物只有可口可乐和咖啡豆。通常，人们都觉得可口可乐产自美国，但实际上可口可乐的原材料可乐果是一种原产于非洲的果实。

安田

在 1.5 万年前，发生了较大的气候变动，中国和美索不达米亚平原（中东两河流域）分别开始了夏季稻作、冬季麦作的耕作文明，在非洲则未发现文明的迹象，感觉还是落后于整体文明发展进度。

石

文明只能在同一纬度上进行传播，只能在同一纬度上从美索不达米亚平原传播到埃及、印度河流域。一旦纬度发生变化，因为温度差异，农作物的种类也会发生变化。因此，四大文明也基本上是发源在同一纬度上。其中，只有黄河文明的纬度稍微偏高，但是，如果将安田先生所研究的长江文明纳入四大文明的话，那四大文明基本就是在同一纬度上。非洲的纬度与四大文明发源地相比偏南很多，大洋洲也是处于偏南的位置，因此都没有形成文明。

安田

土地的生产性对于维持人类生活来说是十分重要的。对于野生动物来说，非洲可能是易于生存的地方，对于人类来说，却不是一个好的居住地。因此，最初人类诞生于非洲，但是由于非洲的生活环境十分恶劣，人类最终选择离开非洲。在这个问题上，我并不是专家，也不知道这个观点是否正确，但是我们自始至终无法在非洲大地上感受到进入农耕社会之后的富饶。非洲对于大猩猩和黑猩猩来说，是个良好的生存之地，对于狩猎采集的民族来说可能也是，但是对于农耕民族来说，并不合适。非洲是人类的诞生地，本应该为人类提供丰硕的土地资源，让人类从事耕作劳动，几千年都生存在这片土地。但是，我无法从非洲的大地上感受到这一点。

石

我觉得安田先生感受到的可能是殖民地时代之后的非洲吧。正如先前大桥先生所言，非洲人有自己的精神世界，可以说非洲创造了世界上历史最悠久的文明。在非洲文明中，有许多约定俗成的规定，比如不能砍伐可以结果的树木，不能贩卖采摘的果实，不能摇晃树木，只能用一只手采摘等。

在日本的江户时代也有类似这样的规定，比如不能带家畜和斧头上山，只能带镰刀和一根绳子，通过这种方法来限制森林砍伐。非洲一直通过制约的手段来限制人类过度获取资源，以维持大自然赐予人类的恩惠。因此，到1800年左右，非洲已经建立了与自然高度和谐共存的社会。之后，由于奴隶贸易以及沦为殖民地，非洲必须听从强国的安排，种植咖啡、红茶或棉花。

最好的例子就是西非。西非是世界上有名的花生产地，这是因为当时的法国受美国压制，无法获取食用油，因此法国就强行让当时的殖民地西非的原住民种植花生，以此来生产花生油。结果，非洲突然成为世界上最大的花生油产地。但是，由于将种植谷物的耕地用于种植花生，非洲地区出现粮食短缺的问题，于是非洲就从同为法国殖民地的越南和柬埔寨进口大米供应给当地居民。

全球化的趋势是否无法阻挡

大桥

对于狩猎采集民族来说，非洲中部地区是最适合生存的地方。我觉得很有意思的是，在刚果的伊图里森林地区，在纯正的俾格米人⊖（Pygmy）与农耕民族中，俾格米人处于优势地位。农耕民

⊖ 泛指男性平均身高仅有1.5米的民族，这一名称源于古希腊人对于非洲中部矮人的称法。——译者注

族觉得,俾格米人的生活十分有意思,如果能和俾格米人一起唱歌跳舞,是十分得意的事情。我们见到的俾格米人都很优雅。如果只是享受自然给予的恩惠,不从事农业生产,只是过狩猎采集生活的话,那这里的环境是十分合适的。

石

　　学界对于布须曼人○(Bushman)的研究也很多,其中有一项是关于布须曼人这样的狩猎民族与农耕民族相比,哪一种生活方式幸福指数更高的研究。如果从劳动时间来看,布须曼人一周平均只工作两三天,剩下的时间都用来玩耍。只要抓获一匹斑马,就足够一家人吃一周了。农耕民族的劳作时间是布须曼人的好多倍,他们需要耕地、浇水和除草等。如果从劳作时间来看,狩猎采集民族的生活肯定悠闲于农耕民族。接下来,我们从营养的角度来看,布须曼人的食物共有 84 种,因此在营养方面,狩猎民族也胜过农耕民族。从不同时代的化石中测定的身高可以得出,进入农耕时代后人类身高开始变矮,也许是因为营养不足吧。因此,才出现了对于人类为何要成为农耕民族的讨论。从这个意义上来说,人类很早就开始对狩猎民族和农耕民族进行有趣的讨论了。

　　○ 生活在非洲南部地区的一个原始狩猎采集民族,身材矮小。——译者注

安田

　　如果非洲一直过狩猎采集的生活，那么将可以维持可持续发展的社会。结果，由于非洲沦为殖民地国家，被迫从欧洲引入商品及作物，他们的历史、传统甚至是根植于所生存土地的生存方式都遭到了破坏。如果从可持续发展的角度考虑，也许重新思考植根于这片土地的传统与历史，才是使每个国家或民族走向幸福的有效途径。

石

　　如果从强大的全球化趋势的角度，重新审视传统与历史，更像是自我安慰和自我怜悯。非洲的手机普及率已经达到20%，南非有70%的人使用手机，肯尼亚的手机使用率也达到了50%。在这种时代背景下，您却说要回到过去采集植物果实的生活，这是不现实的。而且，现在非洲电视的普及率也很高，甚至在发达国家的援助下，有些地区每个村落都有一台电脑，村落的孩子们可以通过太阳能发电使用电脑。

　　非洲正在以我想象不到的速度发展。以前到非洲时，我总会带便携式相机，这对于他们来说是十分神奇的工具。当我送照片给他们的时候，他们都非常开心。但是，最近这已经变得不再稀奇了。当我带着相机进到苏丹沙漠中的村落时，谁都没有表现出很开心的样子，这是因为现在大家都开始外出打工，会从城市中买这些东西回家。以前，我曾用在100日元店买的手表去和当地的店铺交换很漂亮的民间艺术品。如今，对于这种便宜的手表他们都不多看一眼。因此，现在非洲也进入了全球化的浪潮，也有了消费经济。因此，安田先生所说的不过是一种怀旧的想法。

甘利

石先生曾说过，人类生存法则之一便是"一旦过上了舒适的生活，就再也无法回到过去"。还有一点，从全球化的视角来看，工业品制造势必会在全球范围内引发激烈的竞争，悠闲地进行生产的话，必输无疑，这一点在日本也是一样。如今，日本很多企业已不再沿用传统的经营模式，而是开始倡导美国那样的利益最优化，今后，这样的企业会不断增加。在这种状况下，我们应该考虑如何提出有效的措施来应对。也许，采取锁国政策，在封闭的环境中创造全新的文明也是一种方法，也许非洲可以通过这种方式来保护狩猎文明，但是从现状来看，还是难以实现的。

石

据粗略统计，非洲自身创造的 GDP 仅占生产总值的 30%，而剩下的 70% 全部来自海外的援助。

甘利

因此，在如今经济全球化的背景下，一国想要通过锁国政策重新回到过去，是不可能实现的，这一建议也是行不通的。

石

比如，在路边经常会看到售卖银质戒指的小摊，售卖的戒指有两种：一种是手工制作、工艺并不精美的戒指；另一种是经过机器加工而成的精美的戒指。一般来说，机器加工的戒指更贵，但是我们会因为手工制作的戒指更有质感而选择手工戒指。当我们询问为何机器加工的戒指更贵时，得到的回答是，"因为手工的不花费成本，而机器加工的要花费成本"，他们不认为手工的戒指更值钱。

安田

但是，未来人们会不会开始觉得不需要全球化了？能够使用手机是件值得高兴的事情，但是，如果全人类都有了手机，那手机就手机变得不再稀奇了。人类失去了拥有的感动之后，会不会不再想要全球化了？

稻盛

人类应该是不会感到满足的吧。如果永远不满足，那么地球文明将走向毁灭。

只有重新定位现代文明，才能催生新文明

石

松井先生在著作中提到，地球的生命只剩下 50 亿年。但是，在此之前 20 亿年太阳系就会坍缩了吧？

松井

不是,太阳系和地球都将在 50 亿年后灭亡。但是,如果按照地球的现状,那么在这之前就会消失。再过 5 亿年,地球上的生物圈将消失;再过 10 亿年,大海也将消失;再过 50 亿年,地球将被太阳系吞噬。

石

再过 5 亿年生物圈将消失,这是由于太阳活动变强而使地球变得干涸吗?

松井

地球并不会干涸,生物圈消失是因为大气中的二氧化碳减少。太阳辐射逐年增强,地球系统需要减少大气中的二氧化碳来应对。

石

如此看来,就只剩下 5 亿年了。地球上的资源是有限的,从热力学第二定律来看,不管是哪一种能量,最终都会转变为热能,无法实现重复利用,我们人类的一日三餐、所使用的的照明与暖气,这些能量都是无法全部回收再利用的,总有一天我们会失去热能。从热力学的角度来看,热能现在是否还充足呢?

松井

不需要上升到热力学的层面。有人曾提出文明发展三阶段论，我们正处于在地球横截面上吸收并利用太阳辐射能的阶段，还没有全部利用太阳辐射，若全部利用的话，地球将毁灭，也无法形成现如今这种地球环境。

石

在地球诞生之后，许多物种接连灭绝，我们应该采取何种措施呢？从过去的地球发展史来看，自然界及人类社会会定期地发生变动。比如，7.3万年前，位于印度尼西亚苏门答腊岛的多巴火山喷发，之后气候急剧变冷，致使人口骤减。从人类遗传基因的统一性来看，当时的人口下降到不足1万人。更有研究者提出，当时的人口下降到仅剩40人，地球面临着灭亡的危机。欧洲在历史上曾爆发鼠疫，据说死于鼠疫的人口占当时欧洲总人口的20%~40%。在此大背景下，欧洲社会得以重建，并发生了文艺复兴和宗教改革等各个方面的变革运动。

在第二次世界大战中，全世界共有5600万人死亡，但同时我们也彻底粉碎了纳粹主义。另外，2008年爆发的金融危机，对于金融界来说可能是很严重的事情，但是，如果我们能在这次危机中淘汰拥有无限欲望的资本主义，就能重建世界经济秩序。接下来，也许我们将面临重建带来的更强的冲击，但是只要能够得以重建，人类就不会灭亡。比如，因禽流感而造成人口数量减半,但也可能萌发拥有全新价值观的人类文明。

这也是因为自然总是不断在发生变化。我曾研究过美国黄石国家公园的生态系统,黄石国家公园每100～200年就会发生一次火灾,最近的一次是在1988年,这次火灾烧毁面积占整个公园面积的64%。世界上游客最多的公园就这样几乎被全部烧毁,人们对此表示十分遗憾,觉得黄石公园会就此消失。但是令人惊讶的是,第二年森林萌发新芽,整座山上开满了鲜花。正是因为树木被烧毁之后,地表失去了树木的覆盖,才开出了花。随着百花盛开,绿草丛生,野牛和草食性动物也开始增加,大自然得以复苏。这种情况在北海道也时有发生,发生火灾后的自然得以复苏,并呈现出一番美妙的景象。

我们人类社会也是一样的,可能会因为我们自身的行为造成了某些重大变动,而后通过重置发展成新的文明。虽然很多人可能会觉得这样的说法很不负责任,但当危机来临时,我们只能以通过努力实现再生的方式来应对。迄今为止,也有过经历地震等自然灾害的城市重新呈现新景象的情况。我这么说,可能会激怒受灾地区的民众,但是城市确实是在地震中得到了重建。自然法则就是这样,"神灵"会定期制造一些灾难,让我们损失惨重,但是我们也通过在灾难中重建而得以存续。我认为,过去如此,今后也会如此。

松井

从地球系统与人类圈的关系来看，建造人类圈的生存方式，本身对地球环境就是不利的，我认为这就是文明的本质。我的中心思想与石先生的想法完全吻合，但不同的是，我是从地球史的时间轴对文明的本质进行论述，而石先生是从人类近期的历史这一时间轴对文明的本质进行详细的讲解。我认为，石先生的论述对于普通人来说更具说服力。

稻盛

从这方面来说，人类还是有点可悲的。虽然脑科学在不断发展，在面对自然灾害时却无计可施，最终只能眼睁睁看着自然灾害将人类毁灭。不改变现在的生活方式与文明形式，任由欲望膨胀发展，我觉得会酿成令人遗憾的后果。我希望有识之士能够思考一下聪慧的人类如何得以存续，这也是这个研讨会的宗旨和出发点。

一个人代谢的能量相当于一头大象的能量

石

正如前面提到的，现在世界人口数量已经超过68亿。根据联合国最新的预测，到2050年，也就是在40年后，世界人口数量将会超过91亿。今后，中国、印度和印度尼西亚的人口也将不断增加。

我认为,要想维持文明发展的进程,我们必须先减少人口数量。但是,对于如何减少人口数量,至今还未有对策。

松井

总之,结论是很重要的。如今,要维持一个人生存所需的能量大致相当于一头大象的能量。如此比较的话,我们就要思考,地球上能否维持90亿头大象的生存?答案很显然,是不可能的。现在我们却在做理论上不可能实现的事情。目前,我们只能通过为大家建立起能够切实感受到这一事实的框架,才能改变现状。人们之所以只能在理念层面理解,而无法改变目前的生活方式,就是因为还没有切实感受到这一事实。

稻盛

是的,我认为我们必须一步一步地改变对能源的消耗,也需要改变目前奢侈的生活方式。上面提到,有数据推测,到2050年,世界人口数量将达到90亿~92亿人,如果每个人的能源消耗量都相当于一头大象的话,那么不可能所有人都能存活。也许未来会爆发核战争,很多人将死于核战争;也许禽流感会带走一部分人的生命。如果这些死去的人是拥有睿智的大脑或者是拥有崇高精神的人,那么将十分遗憾。所以,我认为我们必须思考这一问题。

我们能否提出改变社会的具体方案

甘利

我们可以通过什么方式来改变社会呢？人类构筑了如此高度发展的文明，今后，通过预见未来文明发展的方向，采取我们可以采取的措施，对于人类来说是值得高兴的事情，同时也是我们的使命。但是，想要取得结果是比较难的事情。

石

恕我冒昧，甘利先生您是否改变了自身的生活方式？

甘利

没有。

稻盛

就我个人而言，我和我爱人住的房子比较宽敞，我们只在客厅和卧室使用了地暖，当然也是在很冷的时候才使用。由于走廊没有使用暖气，所以有时候孙子来的时候，都说犹如北极一般冷。我们肯定要走过走廊，也要使用洗手间，洗手间也没有加装暖气。卧室里的暖气也是在睡前才开启，其余的时间是没有使用的。当然我也没有别墅。我认为我们应该这样做，如果在房子所有地方都加装暖气，那是很浪费能源的事情。

松井

我认为我们现在不是处于简单讨论问题的阶段，而是处于必须探讨出对策的阶段。如果确定只有目前这条路可以走，那么我们应该怎么走？对此，可能在座的各位都有这个意识，但是社会上普通人并不会有。很重要的一点是，我们必须探讨出具体的行动对策来改变现状，这才是我们这个研讨会区别于其他研讨会最大的特点。虽然问题困难且任务艰巨，但是我们必须要讨论出如何才能减缓文明这辆飞驰列车的行驶速度。

我和石先生经常一同出席环境类的研讨会，我们在研讨会上的发言，可能会浇灭把环境问题当成时下流行话题的那些人的热情。他们甚至还在讨论，备受热议的"地球变暖问题是否真的存在"这类话题。

安田

方才甘利先生也提到，从人类历史发展历程来看，没有永不泯灭的文明，我也十分赞同石先生的观点。但是现在，我的观点发生了一些变化，我对稻盛先生所提出的"能否用大脑控止心灵的暴走"这一问题十分感兴趣。人类社会就是在欲望中诞生的，肯定会制造新的欲望。

稻盛先生方才说，只有和夫人两个人待的房间才是暖和的，其他地方（比如厕所）就很冷。人们普遍认为，冬天人体感到寒冷的话，血压可能会升高，更有可能导致脑出血，因此寒冷对于人体来说是有害的。但是，我们需要让人们觉得，寒冷对于人体是有益的。

松井

结果就会变成"人类在死亡来临时就选择死亡"这样的认识。因此，我赞同您的说法，但是，是否有具体的对策能够引导社会向这个方向转变呢？

安田

我认为正如大桥先生所言，森林的声音能够使人身心愉悦，当人们聆听森林的声音时，会改变大脑内神经传导物质的分泌，可能也会进而改变人类的心灵。如此一来，人类也许就会萌发保护森林的意识。

松井

不是的。我也经常跟安田先生您说，这是一个宗教问题。比如，安田先生创建了"环境教"，如果您的教徒能够达到60亿人，那么就能改变社会。我觉得并不是靠现在这样，提出社会应该怎么发展、经济应该怎么发展的建议就能解决问题。

控制欲望是否会使遗传基因恶化

大桥

我认为话题中重复出现的"欲望"才是关键所在。现在的知识分子群体是否将欲望过于矮小化了,并用固定思维去看待它呢?我就是通过重新审视自己的欲望,尽可能按照自己的欲望来生活。在某个时期,潜意识中就形成了这样的认知。我认为今天在这个研讨会上,我们也应该对欲望进行彻底的探讨。

为何欲望能够在大脑中产生,并且经过进化与淘汰之后,能够顽强地留存下来呢?这是因为欲望事关生存价值的有效性。非洲的狩猎采集民族和巴厘岛上的居民就将欲望作为自己行为选择的雷达,因此他们过上了舒适的生活。这种体验性信息是十分重要的。因此,进入当地社会,与当地人共同生活的研究方式,从某种程度上来讲是有意义的。通过重新整理、审视我们的发展过程,或许我们可以找到欲望在生物学上所代表的意义,也能够明白人类为何无法很好地存续。毕竟,从迄今为止的人类社会发展历程来看，也有很多发展得很好的社会。

总之，人类社会的部分群体对欲望产生了误解，从而拥有这一错误思想的文明系统（特别是西欧近现代文明）不断繁殖，才造成如今我们所看到的这种情况。

另一个是人口问题，如果人口不增加就不会出现问题了。现在，人口出现爆发式增长的情况与生命观相关，一定有某种生命观占据了主导地位，才导致了人口不断增加，对于这一点，我们也要重新审视。

即使我们已经开始探讨这些问题，但也有可能已经来不及了。但是，就算来不及，我们也需要探讨，我们要以什么样的姿态来迎接地球毁灭这一天的到来。我认为，就像解数学题一样，我们必须清晰明了地解答出来。

石

我的观点可能与您有些不同，我认为不管是什么生物都在最大限度地表达着欲望。但是，自然界中的食物链会对生物的欲望进行调整，而人类却已经失去了这一调整功能。不管是什么生物，都希望自己的物种能够最大限度地繁衍，赤潮与蝗虫灾害都是由生物无限繁殖引发的。因此，欲望并非只存在于人类群体中，这是生命本源的问题，通过无限地获取资源，最大限度地繁衍数量。

大桥

我认为以上说法是否准确还有待商榷。人类也可以将欲望视为正常的生命机能来看待,和其他生物生存原理一致即可。那些认为欲望是不好的,应该加以控制的观点,是不是意味着人类的遗传基因不够优良,不能完全按照基于此遗传基因的欲望生存?现在下结论还为时尚早,也许还存在将因社会基本设计的不完善而引发的问题归咎于欲望的现象呢?我认为,我们对于欲望的研究还不充分。

石

但是,遗传学方面的专家持有相同的意见。少子化现象在全世界范围内不断发展,遗传性状也不断劣化,多产多死才是维持遗传基因健全的法则。在现代社会,近视眼和色盲已经不会影响个人的正常生存,从这个角度出发,再过几百年,人类的遗传基因更加退化,到那时人类是不是将自我毁灭?

大桥

自我毁灭也是有可能的。实际上,我认为人类现在已经在自我毁灭了。我们要开始在欲望研究的基础上,探索全新的生活方式。

安田

现代文明的病理也许就是使 DNA 劣化吧。原本人类所具有的生命体 DNA 十分活跃的社会是什么样的呢?比如,僧人在冬天寒冷的早晨去上洗手间，这个过程可以使 DNA 活性化，这听起来似乎很有趣。人类常说走路有益于身体健康，但是在很早之前，人类为了维持生计不得不走路去寻找食物。我认为我们应该从与自然的关系中，重新找回使 DNA 具有活性的生活方式，这是十分重要的。

石

使 DNA 具有活性很困难吧？我认为，还是应该在该生存的时候生存，该死亡的时候死亡。

安田

我并不认为人类会愚蠢到这个程度。

松井

我认为安田先生的这个观点在理论上是无法成立的。在人类圈还未创建之前，人类已经作为生物圈中的一种生物存活了 700 万年。安田先生所言，基本意思就是要让人类回归原始生活。但是，这是毫无说服力的观点。

稻盛

就算回不到最原始的生活，我认为稍微回归一点也好。

安田

只要回到 40 年前就可以了。

松井

我认为,要具体指出"维持在怎样的生活水平以及如何生活",这样传达给社会公众,才比较有说服力。

安田

我已经表明,要回到 40 年前经济高速发展之前的时期,那个时期有桃花源和理想世界。现代文明也一直在追求理想世界,为了追求理想世界,甚至走出地球开始探索宇宙,宇宙科学的目的就是为了追求理想世界。但是,我想说的并不是这样的理想世界,而是回到过去的生活。

松井

我不赞同安田先生的说法,科学对于历史的研究,只是为了探明桃花源到底是什么样的,而不是探讨人类圈的未来。

安田

我认为,科学研究正是为了扩大松井先生所说的人类圈的未来。虽然很难回到过去,但是我认为是可能实现的。

受欲望牵引的近代文明

伊东

在前面的讨论中,提到了几个很重要的问题,首先就是关于欲望的问题。"欲望"这个词看似简单,却必须深究。

在法语中，有"besoin"这个词，意思是"需要某种东西"，如果没有需求的话，人类将无法存续。比如，吃东西这件事和食欲等因素相关，这是维持人类生存最基本的条件，人类至少会有维持生存的基本需求。

另外，在法语中还有一个词"desir"，以上两个词在日语中都有可能翻译成"欲望"，但其实意思有很大不同。将"besoin"翻译成日语中的"需求"，将"desir"翻译成"欲望"，似乎也没有多大差别，需求和欲望意思上相差不大。

那么，"desir"究竟是什么意思？"desir"的意思并不是追求维持人类生存所必需的东西，而是指受外界影响而催生的欲望。比如，看到别人拥有就萌生拥有的冲动；或者是看到宣传广告，欲望就开始膨胀。因此，欲望并非人类与生俱来的，而是在外界的强迫之下，被人为地增加的东西，而且发展速度非常之快。

"besoin"并不会那么快膨胀。就拿吃饭来说，可以吃得下两三碗，但是肯定吃不下六碗。但是，人为制造的"desir"却会无限膨胀，通过广告宣传激发人们换新车的欲望，然而新车与旧车并无太大差异。像这样通过宣传被激发出来的需求就是"desir"，它们宣扬这种方式会让生活更为便利、高效，会让人心情更加愉悦。实际上，能不能让人感到愉悦不得而知。现代科学技术的发展，是否真的使人们比以前更快乐也不得而知。现在我们每天都会收到海量的垃圾邮件，虽然我的桌上摆着一台电脑，但是我基本上不用邮箱。使用电脑这个事情也变成了社会的强制性要求。我担任着学会的会长一职，让我惊讶的是，他们觉得如果会长不使用电脑的话，就无法了解学会会员的情况。

我认为这是每个人的自由，不想读的书就不读，如果是实在必读不可的书那就读。不允许人类拥有自由选择的权利，通过人为激发而产生的需求就是社会制造出来的欲望。"desir"的产生与近代科学技术的发展以及在此基础上形成的特殊的资本主义类型有关。但是，稻盛先生的资本主义不是如此。虽说是特殊的资本主义，但我觉得也并不特殊，大家都在发展这种资本主义。我们必须区别"besoin"和"desir"这两个词的不同之处。

无限膨胀的"desir"会产生鸦片般的效果，我称之为"鸦片效应"。简而言之，就是越多越好。那么，无限膨胀会产生怎样的后果呢？我们都知道，吸食鸦片会中毒，最后会导致死亡。我认为，现如今的文明就陷入了这种"鸦片效应"中，但是这并不具有必然性。

如图2-11所示，1750年前，也就是工业革命前的这段时期，曲线是比较平稳的，完全没有增幅。而后，出现了垂直性增长，照此发展下去的话，人类将走到灭亡。同时，能源和GDP也从18世纪开始呈几何级数增长。但是，人类原本的发展轨迹并非如此。

另外必须强调的一点是，文明也是会发生变化的。迄今为止，文明已经发生了好几次变化。人类现在的文明形成于300

年前,其实历史并不长,但是已经陷入现在这种境地。对于造成这一结果的原因,我将在第 5 章做详细说明。17 世纪,"科学革命"催生了"工业革命",这种变化成为一种必然的结果,烙印在包括科学家在内的人们的大脑中。之后,文明在欧洲社会的整体大环境下发生了巨大变化。在"精神革命""都市革命""农业革命"时期,文明都发生了巨大变化。因此,在如今这种大背景下,文明还会再次发生变化。文明的变化是人类选择的结果,绝不是必然的结果。

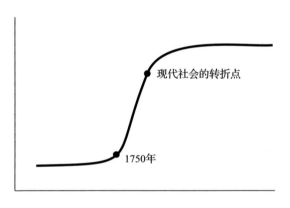

图 2-11　超高速发展的现代社会

17 世纪文明为何发生了变化？这是因为,笛卡尔率先举起了改变的大旗,呼吁"如此下去人类将成为大自然的奴隶,我们必须采取措施征服自然"。而后,培根等人也开始发出同样的呼声。当时,持有这种想法的人还是少数,但毕竟已经开始出现了。一旦发声,就会传播,最终只用了短短 50 年的时间,近代文明就替代了当时的主流文明——经院哲学。在诞生初始,近代文明的思想还是好的。在此，我并未觉得笛卡尔不好，或者笛卡尔是恶人。我认为，当时笛卡尔也是经过深思熟虑之后才提出以上自然观，指引人类如何改变现状。17世纪的欧洲是一片黑暗的世界，气候方面由于受小冰期的影响，十分寒冷，政治方面又被土耳其侵略。因此，培根等人觉得必须采取措施，打破当时那种闭塞的状态。初始的想法是好的，但是现在这一文明思想所产生的恶果正在不断显现出来。

人类拥有无限选择的权力，而选择的自由源自少数人。这部分少数人作为开拓的先驱，帮助人类预见未来，并提出解决方案。如果解决方案足够有说服力，就会广泛传播，人类及文明都将因此而发生改变，从这个角度来说，欲望也不全是不好的。从某个意义上来说，我也是根据自己的需求（besoin）来维持生存的。比如，今天参加这个研讨会也是我的需求，因为我觉得这是值得做的事情，因此就去做了。但是，我们要注意的是，不要受外界的人为鼓动而产生欲望（desir），这种人为挑唆的欲望会不断增大，让我们觉得便利，这是文明的陷阱，我们绝不能受它牵制。

稻盛

也就是说，我们要控制过剩的欲望。

伊东

是的，需要控制我们过剩的欲望。比如，我也会有"想做研究"的欲望，但是我绝对不会有想要研发原子弹的欲望。我们可以想象，一旦做了这种研究会产生怎样的后果，也许 20 万人会同时因为原子弹而死。但是，研究核反应堆的人可能就不会这样认为，最大的问题是他们缺乏想象力。

因此，科学和技术实际上也在发生变化，这也是今天我想要讲的主题。能产生如今这样的科学技术，其原因也不过发生在 250 年前。之前，科学从未被定义成不好的东西。很多人会想，为何欧洲可以取得好的发展，而其他文明却做不到呢？为什么欧洲能够建立伟大的资本主义，而其他文明却不行呢？我却觉得，如此奇怪的体制为何能够得以发展呢？阿拉伯国家没有采用这样的体制，中国和日本也没有采用这样的体制。

安田

我们是被迫采取这样的体制的，对此我一直都是持否定的态度。

伊东

是的，所以现在我们必须要改变这样的固化思维，提出全新的文明原理，并传达到全世界。

第3章
从脑科学的角度审视人类、文明与环境

甘利俊一

大脑在宇宙史中的位置

对于我来说,从自身专业的角度出发探讨文明,特别是环境与文明的关系,是一个很大的课题。一直以来,我都在从事数理科学以及脑科学的专业研究,特别是数理脑科学领域的研究。在这个基础上,面对文明与环境如此大的课题,我可以研究些什么呢?几经思量也没有得出结果。因此我打算换个角度,从虽有专业知识但对于环境与文明的研究完全是外行人的角度出发,会有何感想呢?在此我想与大家分享一些我的所思所感,作为探讨这个问题的依据。本来应该对所思所感进行总结,与大家展开正式的探讨,最终也没有完成。但是,我想重点强调的是,要有危机意识。

我目前任职于日本理化学研究所(简称"理研",是一所大型自然科学研究机构)的脑科学综合研究中心,负责"甘利数理脑科学研究"这一小项目的研究工作。如果只是对我个人而言,那么这个小项目的研究已经足够了，在这里我可以认真做研究。但若是从专业的脑科学角度出发，我们通常会将"大脑与文明"进行捆绑思考。在我们探讨文明的含义之时，首先必须从"何为人类"以及"人类诞生的意义"开始探讨，从现在的人类、社会和文明开始研究。

在人类诞生之前，就已有物质和生命的存在，并且信息已经发挥着巨大的作用，整个世界都在有规律地运转着。对此，松井孝典老师与伊东俊太郎老师已经进行了详细的探讨。关于我的观点，大家大可当成外行人非专业的想法。

有观点认为，万物始于宇宙大爆炸，进而生命诞生、动物诞生、大脑成形。不知不觉间人类诞生，社会与文明形成。宇宙大爆炸发生于137亿年前，自那时起的100亿年或者更长的时间，直到现在，宇宙都遵循着力学定律维持运转。在运转的过程中，能量、物质与力的相互作用是其基本原动力，宇宙至今都遵循此原动力自行运转。宇宙绝非封闭系统，宇宙是开放的。有观点认为，46亿年前，就是在如此混沌的宇宙中，地球才得以诞生。

我的观点只是现学现卖，听了多种观点后总结出来的想法。地球经历过火球及冰球等多种状态。但是在36亿～38亿年前，似乎也有观点认为是在40亿年前，地球上诞生了一种十分奇特的物质。虽说奇特，但终究是物质的一种，自然是遵循物质法则生存于时空之中。这种物质有一个奇特的功能，就是能记录自身构造的功能，并制造出与自身同样的物质。换言之，这种物质具备自我复制的功能。这究竟是偶然，还是确有此功能？

如此说来，这种物质十分强大，通过不断制造与自身相同的物质，以达到长生不灭的状态。作为诞生于地球环境中的物质，正常应是极易受损的物质，而且实际上它也受到损坏了。但同时它也在不断地制造与自身相同的物质，这就是生命的起源。在那种状态下，信息超越物质法则，作为主角登上历史舞台。通过维持信息的传递，以达到自我复制的目的，进化法则也由此诞生。通过与环境的相互作用及一些变化，这种物质的自身结构会进化为更适应于环境的物质，这些适应能力较强的物质会在自我复制的过程中传递信息。这是迄今为止在物质世界中从未有过的全新法则，是通过物质来实现的。

令人不可思议的是，遗传信息是储存于DNA分子中的，DNA分子基本上由四个碱基构成。有说法称，在大约6亿年前，或者在更早之前，细胞就不是单个存活，为了更强地应对环境的变化，通常是多个细胞聚集在一起，这样更有利于存活。在这样的生存方式下诞生了多细胞生物，进而演变成了动物。

当时，生命在与环境的相互作用中，不止记录了自身的信息，也记录了环境变化的信息，通过学习环境变化的信息来决定自身的行为。大脑便是在此基础上产生的。因此，生命与环境是不断相互作用的，通过利用环境信息来推动生命的进化。在这个过程中，信息不仅实现了对自身原始结构的记录，同时进化到了可以对外界信息进行处理、记忆和判断的另一个高度，而实现这个功能的结构就是大脑。我认为，我们研究脑科学，就是研究大脑这一装置究竟是如何在细胞上构筑起来的。对于大脑形成的基本原理的研究，才是脑科学研究的重点。

随着时代的进一步发展，人类的原型在700万年前诞生，人类与黑猩猩从共同的基因上分化，逐渐发展成猿人、晚期猿人以及早期智人等各个阶段的人类。据书上记载，大约在15万年前（安田喜宪老师认为是在20万年前），非洲诞生了晚期智人，而后繁衍到了世界的各个角落。人类最基本的就是进行社会生活，但并非只有人类才拥有社会生活，动物也有其相应的社会，多数动物也都进行着社会生活。暂且不论社会生活是否能称得上文明，但是对于人类来说，社会生活发挥着巨大的作用。

回顾前文，首先需要有物质和能量。然后，以信息为基本原动力，在物质之上诞生了生命，到了人类，便在我们的大脑中有了心（思想）。实际上，我们所采取的行为或者所做的决策，是由大脑进行控制的，而自身意识的产生是由内心控制的。内心抗拒的事情，就会不想做，内心喜欢的事情就会想做，内心的想法具有很强的原动力作用。因此，当我们谈论社会与文明时，不讨论内心，直接从大脑出发，是无法得出社会法则的。要想对人类或文明有一个整体的理解，其要素之一就是要理解"内心"的作用。

文明的发展与大脑的进化

如此看来，在宇宙形成之时，物质和能量就遵循着物质的基本法则实现自我发展，迄今为止，我们还将其视为物理学基本原理进行探究。在现实社会中，物质基本法则发挥着重要的作用。在物质和能量的基础上诞生了生命，生命遵循着生命应有基本原理，这也是生命科学所探究的内容。在生命的发展过程中，进化与信息共同发挥着巨大作用，生命获得了进化这一全新的发展方向。加之大脑的信息处理机制也已形成，并在此基础上产生了意识。我认为，以上都是社会与文明发展的源头。我认为在此基础上形成的社会与文明，都遵循着各自的法则发展并走向灭亡。

地球的发展史可分为物质的发展、生命的发展和文明的发展三个阶段，各阶段都有各自遵循的发展原理。我认为，在生命的发展阶段应该将遗传信息原理和大脑原理分开进行研究，那么地球发展史就有四个发展阶段。这四个发展阶段层级不同，其发展法则是，下一个层级的发展受缚于上一个甚至上两个层级的发展，人类的发展受缚于物质和能量的发展。一旦原有的发展原理框架被打破，就会产生新的层级。那么，下一个层级是如何在上一个层级的基础上生成其发展原理的呢？我对此颇感兴趣。我认为这不是还原到再上一层级的状态，而是创造出全新的层级。

我对于早期猿人、晚期猿人、早期智人以及尼安德特人⊖拥有怎样的内心意识这个课题颇感兴趣。如果可以称得上内心意识的话，他们究竟拥有怎样的内心意识呢？有分析称，尼安德特人已会按照古老的葬礼仪式埋葬死者，当然他们也开始了社会生活。至于这个时期有没有语言，我们不得而知。如果我们去探究

⊖ 生存在距今约 3 万年前，常作为人类进化史中间阶段的代表性居群的通称，因其化石发现于德国尼安德特山谷而得名。——译者注

这个时期是否有语言的存在，可能会发现某种文明的存在。

  15万年前晚期智人出现。那么，尼安德特人与晚期智人有何差别？两者在大脑上肯定是有所差异的，这种差异的程度究竟有多大？现代人类的祖先——晚期智人在15万年前诞生，而人类开始社会生活是在大约1万年前。我认为在晚期智人诞生时，还未产生可以称得上文明的文明，只有智慧和生存方式的传承。那么，1万年前产生现代意义上的文明的原因何在？在这之前的14万年间，人类拥有大致相同的大脑，却未能产生文明的原因又何在？恐怕有很大一部分是因为环境。关于以上观点，最近我拜读了安田先生的著作，感觉十分有趣。在与环境的相互作用中，社会与文明是如何实现自身发展的？另外，在不同文明与不同种族的竞争中，又如何改变着人类社会？接下来，我将这些问题进行探讨。

  人类的特征之一是拥有欲望。虽然动物也有欲望，但是动物的欲望是其最基本的生存动力，比如食欲。人类的另一个特征，是拥有超过欲望的好奇心。人类拥有改变好奇心的内在含义，是让世人重新认知好奇心的能力；此外，拥有通过语言实现人与人的交流，从而构建社会的能力。基于人类独特的大脑结构，语言、数学和艺术应运而生。

  我认为，15万年前人类的大脑结构已经具备产生语言、数学和艺术的条件，但是文明并非那么容易就可以产生，文明的诞生需要一定时间的积累。只有当文明与环境的关系条件足够成熟时，文明才会形成。但是，文明一旦形成，就开始脱离环境，实现自我发展，虽然时有消之，却也在不断积累。文明之所以会形成这样的发展方式，是因为人类在经历了冰河期、干燥期和温暖期等艰难时期之后，实现了智慧的传承。这些智慧积累到一定的高度，就形成了正统的文明。

通过翻阅研讨会资料我发现，专家也曾对亚当·斯密关于社会自组织的观点是否正确进行过探讨，内容很有意思。亚当·斯密认为，人类通过上帝的指引，按照自身的欲望进行生活，能够促进社会自组织化。人在与他人相互协助的同时，也想突出自身的过人之处与独特性，我认为这就是好奇心。另外，拥有上述探求心理的人类，在文明形成之后，又继续在文明社会探求人的应有生存状态和生活方式，我觉得伦理与儒教正是因此而产生的。

抑制文明失控发展的因素

我认为现代文明有很多特征，其中之一便是金融市场的无序发展，稻盛和夫先生也曾提出过这个问题。在金融市场中，人类的欲望集中于通过金融谋取钱财这一点上，金钱成为唯一有价值的东西，当时的社会形势是，人类可以为了获取金钱而不择手段。现代文明的另一个特征是科学技术的高速发展，科学技术不仅实现了知识的积累，还成了人们谋取钱财的手段。面对这种现状，我们需要思考的是，现代文明如今的形势发展是否正常？这种无序状态是否可以终止？若无法终止，那数十年之后，这样的文明将会走向灭亡。一旦文明灭亡，重建文明是必然之路。

科学技术高速发展，资本主义也经历了各种阶段发展至今，在这一背景下，不仅有钱人靠投机谋取钱财，贫困阶层也想靠金融投机赚取金钱，整个社会投机风气盛行。众所周知，日本是个制造业发达的国家，日本人对于日本制造有极大的自豪感与满足感。在日本这样制造业发达的国家，制造、科学甚至艺术都演变成了投机的对象，社会被"投机＝赚钱"的风气所主导。探其根源，还是由于人类的内心意识。但是人类想通过投机赚钱的同时，又觉得这种方式不可取，问题就在于，如何在这两者之中进行抉择与权衡。

对于这个问题，有人认为，"有内心意识是最重要的，只要每个人都有道德底线，问题就能得到解决"。但我并不这么认为。要想让所有人都具备道德修养，需要有组织地构筑能使人们具备道德修养的环境、文明与教育体系。儒教如此，佛教也如此，在人们的内心意识中加上道德禁锢，传达正确的生存方式，在社会中构筑正确的文明思想——为了全人类而生存才是莫大的喜悦，才是人类应有的欲望。我认为，在文明的发展中，道德与金钱处于并驾齐驱的地位，追求道德修养的内心意识，与发展科学技术、好奇心、赚取金钱的内心意识的根源是一致的。

至今，文明已发展成将金钱视为衡量价值的唯一标准，我们该如何抑制这种文明的无序状态？我听过这样的建议："甘利先生的工作是研究脑科学，如果能够充分了解大脑，就能知道无序状态出现的原因,所以可以通过脑科学来抑制无序的状态。"不得不说,这是无法实现的,文明并不是脑科学领域的问题,是超越脑科学能力所及的更为复杂的问题。只能说,脑科学研究可以为这一问题的研究提供思路与启发,但是,通过脑科学研究大脑的物质组成结构,以此来抑制文明的无序发展,明显是不现实的。我们只能在脑科学的基础上,通过对跨越脑科学的"人类学"的研究来进行解决。

尊重多样性是未来发展的关键

接下来,换一个话题。大桥先生在本书第 4 章中所研究的俾格米文化和巴厘岛文化,具有非常多可借鉴的观点。我们需要关注的重点是,他们创造了一个特别和谐的社会。实际上我对于上述两种文化都不了解,但是听完大桥先生的研究后,不禁从心底由衷地产生了对这两种文化的敬佩之情。同时我也开始思考,我们可以从上述两种文明中学到什么,我觉得这是个很大的课题。当然,大桥先生以及赞同大桥先生观点的人,并非主张要回到俾格米式文化。那么,这两种文化中有哪些是值得现代文明学习的?我们又应该如何学习?

人类对知识的好奇心是很好的天资,正是因为有对知识的好奇心,人类才能构建出现在的文明社会,才能在恶劣的环境剧变中得以存续,发展至今。我认为欲望也是很好的助力。欲望、好奇心和自我决心的产生，都是为了获得他人的认可。我认为人们在主张自我独立性的同时，也渴望着社会的和谐。但是，一旦出现差错，和谐社会就会停滞不前，一旦和谐社会停滞不前，这个社会的文化就会渐渐没落。文化是有鼎盛期的，在度过鼎盛期之后，文化会受到各种冲击，从而引发矛盾，此时社会上会出现一些自我主张和欲望。在自我主张和欲望的催生下，文化会超越过去的鼎盛程度，继续往前发展。也许会产生与其他文化的交流，但是也会遭受其他民族文化的侵略，度过十分苦难的时期后，与他民族文化融合形成新的文化。

从这个角度出发，文化多的样性是非常重要的。我们会面临目前这样的危机状况，正是因为文明、文化与价值观在金融市场中融会。所有事物的发展都遵循这个价值标准。

每个人生而不同，有坚强的人也有脆弱的人。从另一个标准来看，有能力强的人也有能力弱的人。形成上述这种现象的原因是衡量事物标准的多样化。所有的文明都拥有包含于社会整体之中，并在社会整体中正常运行的多样性法则。我认为巴厘岛人和俾格米人到现在为止都还保留着这样的多样性。但是，不仅是美国，包括日本在内的许多文明社会都渐渐失去了文化多样性，由此产生的家庭破裂和社会崩塌的问题渐渐受到社会舆论的关注。虽然尊重个性化是十分重要的，但个性需要在与他人相互协调的基础上实现，一旦失去了这个基础，多样性消失，在一元化的价值观念里，竞争只会越来越激烈。在这种情况下，处于劣势的价值观就会放弃进步，任由其没落。

事实上，我自己也在大学里任教多年，学校里的学生当然有成绩好的和成绩不好的。对于学习成绩较差的学生，我会产生"太费劲了，干脆放弃吧"这样的想法；对于学习成绩优异的学生，我也是采取任由其发展的态度，因为对他们多加干涉反而会产生负面影响。我认为最好的方式就是任由其发展。但是，如今再度回想，我觉得我还是应该采取一些方式。成绩不好的学生真的就不会变好吗？这只是我从一元化的衡量标准出发得出的想法。我认为对于成绩较差的学生，应该给予他们适合他们的课题，稍微指点方向，激发他们的积极性，或许他们也能做好。对于学习成绩优异的学生，我采取的就是任由其发展的态度。这些人当中，我认为会比我更优秀的学生，最后也没有如我预料中那样，从事较好的职业。明明这些人都比我更优秀，为何却没有找到理想的工作？我认为这与社会整体的和谐性相关，这样的人还不在少数。

那么我们究竟能做些什么呢？人的内心意识与幸福感并不只是靠物质欲望的满足，还可以通过与他人的和谐相处，以及在社会中与他人的协作来获取。多样性对于幸福的组成要素研究来说也是极其重要的。不仅如此，从生命诞生至今的进化来看，拥有多样性的事物得以不断发展，而一旦这些多样性被单一化时，环境稍有变动，这个文明就会走向灭亡，我们现在的文明正处于这个阶段。

纵观如今的日本社会，"日本是最伟大的""日本是世界第一"这种意识似乎依旧存在。这种倾向在 20 年前的泡沫经济时期尤为显著。在现在看来,这种意识简直是自欺欺人。从物资方面来看,日本无法赶超美国,如今想要赶超中国也很难了。我想要表达的是,日本不应该通过与中国和美国进行比较,来自诩是与中美两国并肩的世界第一物资大国,日本的目标应该是,创造日本独特的、受到世界各国尊重的文化。要在物资上与他国做比较,日本必败无疑。纵观欧洲各国,特别是北欧各国,虽然国土面积也很小,但是受到了世界各国的尊重。我的观点并非我们要模仿北欧各国,我认为日本能够创造出属于日本独特的东西。

以上就是我作为外行人的一些观点。

讨论 | 围绕第 3 章

（按照发言顺序排列）

**参与者：安田喜宪、甘利俊一、伊东俊太郎、松井孝典、
大桥力、稻盛和夫、石弘之**

安田

日本的科学研究经费中，脑科学与 DNA 的研究经费远超其他领域的研究经费。因此我认为，如果我们想要研究新文明法则和文明发展趋势，可以询问从事脑科学研究的专业人士，或许我们可以从中受到一些启发。但令人意外的是，迄今为止都没有人询问过脑科学领域的专业人士。而且，甘利老师还让我们自己研究。

也许是甘利老师过于谨慎了。我想知道，如今最先进的脑科学研究，是否有对于新文明或人类生存方式的研究成果？如今的脑科学是否有对文明应有的存在状态或人类应有的生存状态做过研究？

甘利

科学中有一个观点叫"还原主义"，人类通过大脑产生了具

有内心意识的现象，在此基础上产生文明，想要一下子研究清楚是不可能的。在内心意识之前，还有认知。比如，想要了解判断出眼前这个物体是玻璃杯的，是大脑中的哪个组织？这看起来是一件极其简单的事情，但是在大脑中要进行极为复杂的反应过程。

那么，我们究竟应该研究什么？其实认知与理解是非常复杂的系统，将复杂的系统还原，问题就变成一个神经元在生成认知和理解时需要经历哪些过程。将其再进一步还原，问题就变成一个遗传基因、一个分子是如何进行运作的。我们都知道，现在脑科学领域进行得较为顺畅的，就是遗传基因的结构与大脑神经细胞生成方面的研究，我们已经可以通过实验的方式，研究微观世界中其物质性结构。但是，单凭一个神经元是无法判断出"这个玻璃杯中加了冰"，这个判断需要很多神经元组合在一起形成某种结构，人类的内心意识也是在此基础上形成的。

认知结构就是对信息进行处理，记忆结构至今还不得而知，我们正在研究记忆结构的基础。但是，处于组成结构之上的内心意识问题，就不是脑科学领域的问题了。脑科学可以为这些研究提供在大脑这一物质基础上产生心理活动的结构基础。脑科学研究可以提供产生欲望和同情心的大脑结构，但是具体要怎么利用这些内心意识，就不是脑科学研究的范畴了。想不到，居然还有通过药物来控制人类内心意识这种荒唐的事情。人类内心意识的基本原理和内心意识的状态这些问题，已经超出了脑科学的研究领域,必须与更为系统的人类学研究一起进行。

人类的内心意识由脑而生,其定义是什么

伊东

我想问一个比较细节的关于大脑定位的问题。前文有介绍,宇宙大爆炸后生命诞生,脑神经系统得以进化。那么,是否可以认为,脑神经系统与多细胞生物是同时诞生的呢?

甘利

即使多细胞生物中,也有没有脑神经系统的生物?

伊东

是的,可以从 6 亿年前的生物身上找到依据。

甘利

比如恐龙,已经具有了脑神经系统。细胞不断聚集形成多细胞,多细胞出现后,不可能所有细胞的功能都是一样的,

自然而然地就出现了分工。最初，形成了负责传感的部分和负责驱动的部分，那么在这两部分的接连处，信息如何转换呢？这些过程逐渐积累，就形成了动物的大脑。

伊东

按照您的解释看来，人类是拥有内心意识并生活在社会中的生命，内心意识是在人类社会出现之后才有的。但是，动物也应该有内心意识吧？

甘利

这还真是个很难回答的问题。我认为动物也是有内心意识的。但是从某种意义上来说，这是定义的问题，如果认为动物是有内心意识的，那自然物种的发展也具有延续性。

伊东

但是，欧洲人认为内心意识的出现并不是很久远的事情，他们认为，内心意识是近期才出现的。日本人则认为内心意识在很早之前就存在，小猫、小狗甚至小鸟都有内心意识。

我本人饲养过鸟类，我认为鸟类是有内心意识的。突然将它抓出鸟笼的话，它会受到惊吓。也就是说，也许对我们来说很理所当然的事情，但对于欧洲人来说并非如此。他们一直认为内心意识是人类独有的精神活动，而动物是没有的。

哈佛大学的行为生物学家唐纳德·格里芬（Donald Griffin）写了一本名为《动物的心智》的书，其中的观点对于欧洲人来说是巨大的冲击。他们认为，动物与人类存在前提性的差异，动物与人类的祖先不同，所以这两者也是不同的。

其实，人类也是动物的一种，也有大脑的进化等种种过程。但是，今天我所关心的是内心意识这个问题。虽然这不是我们今天探讨的主题，但是研究内心意识的问题可以帮助我们"看见这个世界"，这是非常不可思议的。可能很多人会觉得，这是理所当然的事情，但是水母就看不到。德语中"Vorstellung"一词的意思是"表象"，换句话说，就是"所呈现的世界"。虽然这不是我们今天所要探讨的主要课题，但也是很重要的。刚才提到了恐龙，我想请问一下甘利先生，从您的专业——脑科学研究的经验来看，您认为恐龙有内心意识吗？我刚才讲过，我认为鸟类是有内心意识的，而鸟类是从恐龙演变来的，在电影中也经常会看到恐龙发怒。另外，青蛙、鱼类等是否都有内心意识？

我认为以上问题都是比较新颖的问题，所以我很期待甘利先生的回答。刚才我听您的发言，您似乎觉得只有人类才有内心意识，这让我感到很惊讶。

甘利

不是只有人类才有内心意识，黑猩猩明显也是有内心意识的。但是，像蚂蚁和蜜蜂之类的昆虫就不好说了。

伊东

那蝴蝶和蜻蜓呢？

甘利

也许有，认为这类动物没有内心意识，能帮助我们更容易地探明内心意识的本质。

伊东

那么，对于内心意识是如何定义的呢？

甘利

内心意识由脑而生，首先是在大脑内部形成一个模拟系统，对于自己想做的事情，就算没有真的去做，也能够知道做了之后会产生怎样的后果。人类大脑在模拟以及通过模拟产生意识的阶段是十分发达的。黑猩猩也有模拟系统。也许，猫和狗也有，只是我们还无法理解它。

伊东

我认为昆虫是没有模拟系统的，昆虫会有条件反射，但是条件反射并不是内心意识。当受到刺激时，身体会做出反应，在刺激和反应之间有一个调节系统，我认为这就是内心意识。

人类在500万年的历史中，从猿人、晚期猿人、早期智人、尼安德特人发展到晚期智人，再到现代人类。尼安德特人和早期智人是一样的吧？

甘利

是的。

伊东

刚才您提到一个很好的问题：尼安德特人和晚期智人之间有何区别？我个人目前的看法是，首先是语言上的差异。尼安德特人虽然也有语言能力，但是他们的语言比较简单。我们通过研究尼安德特人的喉咙结构发现，他们的语言能力不是很强。另外就是使用工具上的差异。

甘利

尼安德特人所使用的石器和10万年前人类使用的石器并没有差别。

伊东

关于工具的问题我们另做研讨。不过，这是个很好的问题。

只有晚期智人的大脑才能扩大认知的时空范围

松井

我觉得晚期智人和尼安德特人之间有很明显的差别，只有晚期智人构筑了人类圈并生存其中。我认为两者之间最根本的差别在于，是否能够扩大认知的时空范围。晚期智人和尼安德特人在以下两种能力上完全不同：一是，能否够瞬间在可感知的时空中对事物进行判断；二是，能否将认知的时空扩大到通过物理认知无法触及的范围。我们应该从伊东老师所提及的内心意识这个方面进行思考，从这个角度进行考虑的话，那动物和尼安德特人都是没有内心意识的。

当然，从自身经验范围内的角度来看，尼安德特人也是能够认知时空的，但是他们无法扩大到宇宙以及我们通常所论述的时空概念上，因此尼安德特人和晚期智人在这一点上有本质的差异。那么，为什么尼安德特人和其他生物基本上是一致的，而只有晚期智人是不同的呢？我认为，如果我们不探究"晚期智人是如何进化而来的"这个问题，就无法解开文明的谜团。

甘利

现代人类可以认知时空，并超越时空进行构思。10万年前的晚期智人是否也能做到？若以此对晚期智人和尼安德特人进行比较，松井先生的区分法是否可行？

松井

当时没有现在这样的方法，所以无法像现在这样扩大时空。但是，据说晚期智人已经具备了这样的能力。至少在语言能力方面，两者之间是存在巨大差异的。是否拥有清晰的语言表达能力，与大脑皮层神经细胞的网络化有关。例如，去狩猎的人与没去狩猎的人之间,是否能够实现无障碍的沟通呢?即使没去狩猎,只要有狩猎的经验,听了当天去狩猎的人所说的话,就能在自己的大脑中对狩猎的过程进行理解。这个能力,晚期智人已十分成熟,但是尼安德特人没有形成具有这种能力的大脑构造。

大脑皮层神经细胞的网络化结构属于甘利老师的专业领域,晚期智人所拥有的能够创建自己大脑回路的能力,应该和其他生物都不同吧?

安田

考古学上认为,尼安德特人比晚期智人的狩猎能力更强。

松井

这里我想提出的并不是狩猎能力的问题,而是实际未参与的人能否通过过去的经验而与实际参与的人实现信息共享。若要对比狩猎能力,那黑猩猩应该更强。

甘利

我明白您的意思,但是要区分这两者之间的差异是十分困难的。也许尼安德特人已经具备了通过对话共享认知的能力,而且尼安德特人还有埋葬仪式,埋葬是生者对死者表达哀悼之情的仪式。我认为,在当时的尼安德特人社会中已经有了这种共有认知。我们要做的,并不是比较现在人类文明与尼安德特人的文明，而是要通过对比 10 万年前人类的文明与尼安德特人的文明，来探明晚期智人的特质，尤其是大脑之间的微妙差异。

松井

关于两者语言能力的差异，可能有很多反对意见，而关于神经细胞网络化结构形成的时间我们很难确定。我们无法确认在哪个时期发生了网络化，因此，现在无法对其进行具体的探讨。但是我认为，我们至少可以区分两者在特征上的大致差异。对于很多人提出的可能性观点，我并不持反对意见。但是很明显，尼安德特人未建立起强大的集体或共同体。我们创建了城市这样的集体，而尼安德特人未建立起城市这一意义上的集体。

另外，语言能力上存在的差异也得到了认同。正如伊东先生所言，尼安德特人和晚期智人的喉咙和舌头的结构完全不同。从语言能力上来说，尼安德特人似乎还未达到像我们这样能够清楚地发音和表达意思的水平，可能只停留在一些信号的传递上。虽然不能说尼安德特人无法做到信息的传达，但是与晚期智人所能达到的程度完全不同。我想要强调的是，如果认为两者都能传达信息，那我们将无法区分尼安德特人与晚期智人之间存在的差异，从而也无法区分哺乳动物与人类之间的差异。

语言研究与脑科学

大桥

我认为我们应该把问题的关键点放在语言能力层面上，另外，我还想提出另外一个观点。

语言有两个重要的发展阶段：首先是符号化；其次是分节化。解剖学的研究显示，尼安德特人的喉咙结构还未达到能够对语言进行分节的程度，这是毫无疑问的。我认为，迄今为止的研究并未关注到，身体结构的进化与控制身体的大脑的进化之间存在关联性。实际上，解剖学对于晚期智人与符号分节处理相关的语言脑功能部位的进化研究，是从对大猩猩左右脑大小的非对称性研究开始的。语言脑功能一直在进化，左右脑大小的非对称性最极端的例子就是大猩猩了，大猩猩左脑的比例比人类还要大。晚期智人能够拥有语言能力，正是因为大脑功能不断得以进化，同时形态变异使喉咙结构变发达。以上就是我们研究的成果。由此产生了控制符号分节系统的思考所引发的预测，以及伴随着语言使用而出现的客观性（能与他人共有信息和认知）。从这方面来说，符号分节系统确实是个比较好的途径，对于信息的传达也是比较强的。

但是我认为，现在能够帮我们拨开迷雾的关键在于，控制符号分节系统的语言脑功能之外的大脑功能，这是从其他生物到人类一直连续进化的功能。在这一点上，人类处于所有生物最顶端。从这个角来看，我们对于非语言脑功能的认识稍显欠缺，将研究的重点放到非语言脑功能上，可以帮助我们发现尼安德特人和现代人类之间的关联性。当然，从这个角度出发，如果能研究出尼安德特人与晚期智人之间的差异，就更好了。同时，我也希望这个角度能够帮助人类学研究取得进一步的突破性成果。

甘利

那么，人类对于语言的研究要从什么时候开始呢？与人类最相近的就是大猩猩了，从语言意义上来讲，大猩猩还不具备语言能力，但是具备概念传达和分节的能力。正如大桥先生所说，形成语言的要素有很多，这些要素之间相互结合，才形成了语言，比如分节、语法和语句构成，另外还有语义与意思传达。这些要素在其他动物中也是存在的，比如小鸟歌唱，从某种程度上来说也是一种语法，但是鸟类并未通过语言来表达某种意思。

另外，研究表明，八齿鼠（degus）已经开始有了社会生活，并且通过歌唱的方式进行交流。这说明老鼠也具备语言能力，通过人类无法识别的超高频率来进行交流。那么，究竟语言脑功能中的哪个部分控制着语言能力呢？语言发展到人类阶段之后，分节化语言能力、逻辑能力和意思表达能力以及大桥先生所讲的感情能力，各项能力得以统合。没有以上这些能力，人类无法实现交流，而人类具备了以上所有能力。

现在学界对于脑科学的研究热情越来越高涨。我认为，我们不仅要从还原的角度进行脑科学研究，还要从各种功能的整合以及整合后产生新功能的角度对脑科学进行系统化的研究。

大桥

这些研究与方才我们所讨论的内容息息相关。

尼安德特人与晚期智人对于石器使用的时空认知差异

甘利

理论层面应该是伊东老师的专业领域，十分缜密的欧几里得几何学理论竟然诞生于2300年前，而毕达哥拉斯的勾股定理等理论在4000年前的古巴伦就已经诞生了，这着实令人觉得不可思议，是十分了不起的事情。

伊东

是啊，很了不起。

甘利

但是，包含这些知识体系在内的文明，大概诞生于 1 万多年前。10 万年前的人类和现代人类在遗传基因上基本没有发生变化。

伊东

文明诞生，是因为在 1 万年前爆发了农业革命，正是这次革命带来了变化。我方才所提到的工具的使用，也与这次革命相关。农业革命产生了石器这一工具，从能人㊀阶段开始就具备了打造石器的能力。也就是说，从猿人阶段已经开始打造石器，早期智人和晚期智人在这个时期相遇了，彼此碰撞，彼此共存。

甘利

这只是时间上的共存，那空间上是如何实现分栖的呢？

伊东

一个大家普遍认同的观点是，晚期智人最终消灭了早期智人，将其追赶至如今的西班牙地区，而后将其全部消灭。克里斯·斯特林格（Chris Stringer）所著《尼安德特人是谁》（朝日选书）一书中，也有对此观点的描述。德国马克斯·普朗克研究所（MPI）的最新研究结果表明，两者之间的混血儿只占

㊀ 化石人类之一，被设定为更新世中期直立人（晚期猿人）的第二阶段。——译者注

百分之几。

那么，晚期智人为何能将早期智人全部消灭呢？一是，两者之间拥有不同的武器；二是，晚期智人的行为比较有组织性，并以语言为媒介进行交流。另外说到工具，我还联想到了，为何 15 万年前，最初在非洲出现的晚期智人会选择走出非洲？尼古拉斯·韦德在其著作《人类在 5 万年前开始了壮大的旅程》（由安田先生主编）中提出，最初离开埃及的只有少数人。这本书并不是特别专业，因为韦德本人只是一名记者，并未做过准确的调查研究，但是书的内容还是很有趣的，我认为值得一读。

但是，书中并未明确指出，晚期智人为何能够消灭早期智人。我认为是因为器具的发达程度不同，以及语言问题所致。

松井

我赞同伊东先生的想法。新石器和旧石器是完全不同的，新石器的制造有一定的目的性，而旧石器并没有。为了区别两者之间的不同，我们才称为"旧石器"。

伊东

新石器有明确的目的性吗？

松井

同样都是制造石器，有何区别呢？

安田

制造石器这一点上也不尽相同。尼安德特人打造石器的方式，是一个石头打造成一个石器，但是晚期智人打造石器的时候，是先在石头上打出一个中心点，从而打造出好几个石器。

因此，在开始打造石器之前，尼安德特人想的是一个石头打造一个石器，而晚期智人则会联想，将一个石头打造成数十个石器。在这一点上，两者存在根本性的差异，也就是之前我所提到的，对于时空认知上的差异。

伊东

原来如此。我也一直觉得两者之间有不同的地方。感谢安田先生的讲解。

"大脑"与"内心意识"的先后问题

稻盛

这里我想提一些可能不专业的见解，甘利先生方才提到，随着大脑信息处理能力的发达，人类的内心意识应运而生。大脑的发达与语言、数学、艺术和社会等息息相关。可以说，在大脑发达之前，人类就有了内心意识。

在动物的世界中，也存在内心意识。比如，大象群体中，若有同伴死去，活着的大象会把死去大象的遗骨带回群居的地方，并会用象鼻舔舐遗骨以表达悲伤之情。再如，狮子在自己群体中比较柔弱的小狮子遭受攻击时，会鼓起勇气进行对抗。这是本身自带的本领，"心"是与生俱来的，并非随着脑科学的发展而产生。也许，人类是在脑科学的发展过程中渐渐开始研究内心意识的，才慢慢意识到内心意识的存在。

甘利

正如您所言，方才伊东先生也提到，内心意识在人类出现之前就已经存在，虽然可能发展的程度不同，但是在动物中肯定也存在着某种共通的情感系统，存在某种能够促使形成行为动机的东西。

那么，发展到人类社会之后，人的大脑究竟有何不同？我认为不同之处在于，人类能够看清自己的内心活动，即人类能够认识到自己想要做什么，这是和以前的大脑最大的不同。

稻盛

可以这样理解。

甘利

因此，虽然大象也有很多行为，但是它们无法认知到自己想做什么，而人类可以理解自己想做的事情，并且一旦意识到

"这是邪恶的想法",还可以控制自己的内心,人类的大脑已经发展到了这个程度。

稻盛

这样解释的话,我就可以理解了。因此,内心意识是原本就存在的,在人类大脑发达之前就存在了。

甘利

我认为这也是大脑的功能,在以前的大脑中也存在内心意识。

稻盛

是的,大脑中有本能的部分,不管多么低等的动物都有本能。比如,养育孩子,做很多其他的事情,这是内心的一部分,是非常原始的内心意识形态。

正如甘利先生所言,内心意识是原本就存在的。那么,现代文明是否能够阻止心灵的暴走呢?人类的内心意识已经开始暴走,现在的问题是,我们是否可以通过大脑和理性控制心灵的暴走?以上是我听了您的发言之后所产生的一些感想。

甘利

正是如此。

大象的反击与脑科学必须分辨的情况

石

在此,我想介绍一项最近的研究事项,近几年在非洲频发非洲象袭击人的事件。一般来说,大象在没有受到攻击的情况下,不会袭击人。因此,有很多研究者开始研究为何大象会突然发动反击。研究结果表明,这是因为20世纪七八十年代,由于象牙价格高涨,在非洲爆发了大范围虐杀大象的现象。特别是在日本,为了制造象牙印鉴,大量进口象牙,造成了很大的影响。在那个时期,包括母象在内,很多大象被掠杀。因此,当年的小象现在发起了反击。

随着大象个体识别研究的发展,通过对冲进村庄危害人类的大象进行调查,从耳朵上的伤痕及皮肤的模样发现,很多大象都是20年前被虐杀的大象的孩子。如此看来,20年来,大象一直保存着记忆,而且还拥有怨恨和复仇这样高级的情感。这两三年来,关于大象是否在进行复仇的话题在动物行为学者中广受探讨。

安田

之前有个广受议论的话题——蜻蜓是否会笑。川胜平太提出的"蜻蜓会笑"的观点,一度成为热议的话题,人们这才意识到,蜻蜓原来是会笑的。

石

蜻蜓会不会笑,我还无法确定,但是大象应该是会笑的。

而且,关于黑猩猩的研究,最近也取得了相同的研究成果。因此我认为,正如我们所想的那样,黑猩猩拥有情感的行为,而这种情感在一定时期会转变为反击和复仇行为。

大桥

关于这个问题,我想从别的切入口进行探讨,但真的是个很难彻底探明的问题。有研究提出,日本江户时代已经建立起了利他性的社会规则,并很好地维持着社会运转。如今,我们必须承认科学才是真理,从这个角度出发,如果甘利先生能够从脑科学的角度,用十分有说服力的言论来解释"大家深信不疑"的事情的合理性,那将是极好的事情。实际上,人类是依靠建立某种规则来维持生存的,但是人类对此并不自知,特别是许多学者。

安田

是的,所以需要尽快从脑科学的角度证明,大象是在进行反击,哪怕只能验证一半也好。但是,如果甘利先生明确表明,从最新的研究成果来看,这就是大象的反击,那么就能改变世人对于大象的看法。

正如大桥先生所言,如果我们认为只有人类有内心意识而大象没有,那么现在的环境破坏问题就会一直持续,得不到制止。但是,如果甘利先生能够明确表示,心怀仇恨的大象已经开始报复了,而且在脑科学上已经得到了证实,那么世界也会发生改变。

大桥

这么直截了当地讲也不好,可以采用这样的表述,比如"我们无法否认大象正在发起反击"或"如果要提出反对意见,请提供证明材料",这样会不会更容易接受呢?

甘利

正如中西重忠先生所言,脑科学是科学,需要做的是实实在在的基础研究,不可能仅通过脑科学的研究就能明白人类的内心意识、社会和文明。之前有流传过这样的说法,孕妇听莫扎特的音乐能够更好地促进胎儿发育,美国也有很多人信以为真,因此莫扎特的音乐产品一度畅销。这是十分荒唐的事情。不管孕妇听不听莫扎特的音乐,胎儿都会发育,而母亲对于孩子的爱才是最重要的。

这类事情是打着脑科学的幌子人为制造出来的。类似的还有其他例子,比如不能玩电子游戏、要锻炼右脑成为右脑发达的人等。原本，我们都有社会常识，听音乐肯定是能够放松身心的，在没有音乐的环境中，身心难以得到放松；过度沉迷电子游戏肯定是不好的，但也并不意味着我们就要禁止，我自己也会玩电子游戏。

我们不能随意宣扬脑科学理论，对于脑科学需要辨别是非，不能打着脑科学的幌子制造谣言。

第4章
构筑利他性遗传基因优越性的生命文明

大桥力

通过对生命科学的研究，解读文明的含义

20世纪80年代，在筑波科研教育城，经常发生研究人员无端自杀的现象，社会上称之为"筑波病"[一]。作为我研究报告的基础参考的《信息环境学》就是以此为契机写成的。在当时，还没有为研究"筑波病"而专门成立的学科。村上阳一郎老师和小田晋老师对于这样学科的研究方式极为担忧。因此，甘利俊一老师在与他们两人召开过几次学习研讨会之后，提出了"打破专业化的学科分类壁垒，回归整体性及人性化"的研究方式，"信息环境学"应运而生。

这个学科研究的组成有三大支柱。第一个支柱是，迄今为止

[一] 发生在日本筑波的一种病，在筑波工作的许多科技人员经常会出现精神压力大等一系列症状，医学专家认为，这是一种当今社会信息爆炸与人的心理不相适应的病症，因此"筑波病"又称"信息过剩综合征"或"信息污染综合征"。——译者注

我们都是通过物质和能量这两个维度对环境进行研究,现在新加入了信息的研究维度,从物质、能量和信息三个维度来进行环境问题的研究。通过这样的方式,类似"筑波病"这样的心理疾病,就可以通过信息环境学这一学科的角度来进行研究。

第二个支柱是,通过研究"筑波病"得来的经验,不再以现有的专业领域来对问题进行剖析处理,而是在问题形成之时,就形成有针对性的学科研究形式。如果无法从现有的学科体系中找到研究所面临问题的最合适的学科体系,那就创立新的学科。我们不要受限于已经成立的学科研究形式或是权威学者的研究成果,而要着眼于问题本身,重新审视学科研究。而且,不要只是喊喊口号,而要坚定地付诸实践。

迄今为止,许多与人类存续息息相关的全新学科的研究不断得以发展。第三个支柱便是,关注新学科中"分子生物学"和"信息环境学"的进展,以在两个学科的基础上形成的知识空间为平台,构筑全新的学科架构。我们就是在这样的信息环境学的基础上来对文明进行研究的。

如此一来,我们通过研究得出有关文明的概念,与安田喜宪在《文明的环境史观》一书中对于文明的定义有许多共通之处。迄今为止,人们主要是从人文社会学科的角度对文明的定义进行研究,并且积累了许多研究成果,我们期待在今后有更多的研究成果发表。同时我认为,对于文明的研究应该形成从自然学科出发的全新研究方式,以测定、实验和求证为主的学科研究方式,也符合如今科学技术文明的时代背景。在这一点上,安田老师作为先驱者，发表了优秀的著作——《文明的环境史观》。其中，令我惊叹的是，安田老师将环境列入文明产生的契机之一。

众所周知，安田老师创建了对自然科学进行实证性和精密性极高的"环境考古学"的研究方法。在此基础上，安田老师提出，"文明是在与环境的相互作用中产生的，特别是在与大地和人类的相互关系中产生的，进而得以发展"。同时，安田老师还提出"寒冷所带来的干燥气候迫使人类往河两岸聚集，人口集中是促使城市文明诞生的契机之一，这是所有文明形成的共通点"的观点。

偶尔，我也能从与安田老师不同的生命科学研究上，得出与上述非常类似的结论。以下便是我对于文明的观点：人类在进入工业化社会之后，为了实现工业化而构建的环境条件和生存方式与遗传基因的构造不相适应，使得人类生存质量低下。因此，人类从受遗传基因约束的居住场所和生存方式中被动地或主动地脱离出来，使生存方式更接近原本的生存方式。文明指的就是，离开原本生存环境的人类，为适应环境而采取的社会行动体系，这个过程往往伴随着居住场所的固定化和集中化。这个定义或许比安田老师的定义更为极端，看起来文明似乎完全没有优点。接下来，我想阐述一下我产生以上想法的原因。

遗传信息开启按钮的发现

或者，很多人会觉得，我提出的文明的含义是一个不成熟的想法。如果将这个定义做一个终极性的概括，那就是"文明是离开原本生存环境的人类，所进行的高度适应环境的社会活动"。这个观点，是以"原本的生存环境"和"适应性的社会活动"的生命科学的两个概念为重点，对文明进行阐述。在原本文明的概念下，自然科学难以对文明进行研究，而通过以生命科学的研究为窗口，自然科学最终得以实现对文明的研究。由此，我们以一个迄今为止从未出现过的尖锐视角，开启了对于文明的研究。在阐述自然科学对文明的研究之前，我想要先明确作为这个全新视角的基础的生命科学的发展背景。因此，可能在此过程中，我会绕开大家所关心的"文明"这个话题，转而谈论分子生物学，请大家谅解。

在地球生命的 DNA 中，大多遗传基因都有一个被称为"操纵子"㊀的开关，如果这个开关处于开启状态，那么我们就能发现遗传基因的性状，一旦处于关闭状态，就无法发现。对操纵子基因处于开启或关闭状态进行管理的，是负责管理细胞日常活动的"持家基因"㊁。持家基因群甚至可以通过开启按钮的设置，将遗传基因粗分成 2 组，细分成 3 组。

一组是"构成性发现遗传基因"，这类遗传基因的发现按钮一直处于开启状态。与能量代谢相关的酶的遗传基因就属于"结构成性发现遗传基因"，一直维持运转，以促进酶的生成。

㊀ 指启动基因、操纵基因和一系列紧密连锁的结构基因的总称，是转录的功能单位。——译者注

㊁ 指所有细胞中均要稳定表达的一类基因，其产物是对维持细胞基本生命活动所必需的。——译者注

另一组是"调节性发现遗传基因",这类基因又可细分为两组。第一细分组是"发现按钮关闭型遗传基因",这个是初期设定的状态,遗传基因的发现按钮一直处于关闭状态。当这类遗传基因产生的酶所合成的物质处于缺乏状态时,它们会打开开关,使得遗传基因处于活跃状态,产生酶来维持生存。可以说,"发现按钮关闭型遗传基因"只在需要补给或者出现危机状态时才会处于活跃状态。

同属第二组的"发现按钮开启型遗传基因",与前一细分组基因不同,这类基因在一开始就设定为开启状态。一旦这类遗传基因产生的酶所合成的物质过剩时,遗传基因的开关就会关闭,停止生产酶,抑制无用的合成反应。可以说,这是一类节约型的遗传基因。

通过这样的开关设定,会出现三种发现遗传基因的状态。第一种状态是"调节性发现遗传基因"维持原有状态,"发现按钮开启型遗传基因"开启按钮,"发现按钮关闭型遗传基因"关闭按钮。

与此相反,第二种状态是调节功能发挥作用,遗传基因中按钮的开关键处于与初期设定相反的状态。"发现按钮关闭型遗传基因"开启按钮,"发现按钮开启型遗传基因"关闭按钮。

在第一种状态和第二种状态的基础上,我们还设定了第三种状态,那就是遗传基因的调节功能实现"反控制"的状态。发现遗传基因的活跃性原则是,在物质不足的时候补充能量,在物质过剩的时候停止合成,合理地维持生命的运转。但是,第三种状态使这个合理性的结构发生逆转,在物质过剩的时候反而产生更多的酶，在物质不足的时候反而抑制酶的生成。可以说，这是一种不可思议的自残现象。我们不可否认，这种奇特的现象在地球生命中可能普遍存在。这种对于生存毫无益处可言的结构为何还未被淘汰？对于这点，我将在后文进行详细阐述。

"原本"作为"适应"的前提不可或缺

"适应"是生命科学中重要的概念之一，与其相反，我想要倡导的是"原本"。

"原本"与"适应"这两个概念的组合对于日本人来说，就是字面上的意思，很多人能很自然地接受。但是，"原本"这个概念，或者说与其意思相吻合的词汇，在近现代西欧，甚至在从西欧传入日本的"正统的"现代生物学的概念和用语中，都是找不到的。在西欧生物学领域，明显不存在与"原本"相当的概念，这一现象本身与文明的课题息息相关。

在地球上，某个特定的物种完成适应性进化的环境构造后，也就是完成作为遗传基因的摇篮，或是作为DNA雏形的环境构造后，你会发现这个环境与这个物种最初设定的形态和生理活性等发现遗传基因的模型是一致的，犹如钥匙和锁孔那样吻合。因此，生存于这个环境的生命，便按照与生俱来设定好的遗传基因的活跃形式维持生存。我将这种情况概念化称为"原本"，这也是上文提到的遗传基因的第一种状态。

但是，也会出现某个物种所生存的环境与这个物种遗传基因生成时的环境不同的情况。这种情况，从能量的角度来看，会引发生物无法适应温度的偏差；从物质的角度来看，会产生营养过剩或营养不良等各种后果。如果所需的营养无法得到满足，那么生物当然无法得以生存。在这种情况下，生物会打开原本处于关闭状态的"发现按钮关闭型遗传基因"的按钮，激发遗传基因的活性，通过自身的力量补足缺乏的物质，以便得以存续。这时，生命开始了对于环境的适应性动作，发出与环境不相吻合的压力信号，并以此为牵引线，唤醒沉睡中的系统发挥作用。

生命在与原本环境不同或是有一定差异的环境中，通过形成"适应环境"的机制得以存续。生命拥有独特的能力，能够在与初期设定的遗传基因活性完全不同的环境中，通过打开原本处于关闭状态的适应性遗传基因的开关，开启平时不发挥作用的储备生命的活性，通过唤醒这部分基因的活性，得以存续。当生物所生存的环境营养过剩，生命体内的生产机制过度活性化时，控制遗传基因活性的"发现按钮开启型遗传基因"的发现按钮将被关闭，制止无用的合成反应，这就是上述提到的遗传基因的第二种状态。

在社会上通用的"适应"（adaptation）一词的意思是，当生物遇到与生俱来的形态和活性与所处环境不一致的情况时，自发性地改变原有形态及活性，向环境进行妥协。但是，我们必须注意到，现代生物学中"适应"的概念与上述社会通用的概念不同，对此我将在后文做详细说明。在这里,"适应"的概念并不是指生物学中专业的适应概念,而是一般传统意义上的概念,《大辞林》词典对于"适应"一词的解释为:适应就是生物为了生存,改变自身生理及形态上的特质以适应环境。不管怎么说,"适应"可以说是地球上的生命拥有的生存战略。

我们也有很大的可能性能够战胜这种"适应"。我们必须设定"原本"的概念,将之作为"适应"的前提纳入研究,构筑全新的生命观。地球上的每一物种,都应该有与生来就设定好的、与活性相吻合的"受遗传基因约束的特定环境"。而且,在这个环境中,生物不用进行任何改变就能生存,或者说可以进行无限接近这个环境的生存方式,我们将这种自然的生存状态称为"原本"。将"适应"与"原本"的概念组合进行研究,建立"原本—适应模型"的生命研究方式。上述我们对于文明的全新定义,正是基于此得出的。

让我们回顾一下这个模型形成的过程。从很早开始我就认为,分子生物学特别是发现遗传基因中的"适应"现象,具有明显的补充性、临时性和危机管理的特质,但是缺乏本源性、稳定性及完整性。现代生物学这个新学科领域,对于"环境与生命处于比较和谐的状态",通用的概念是"适应",包含"通过变化以求适合"的意思,不得不承认,仅用这个概念会让人觉得有空白感。我认为,应该有某个状态与发现遗传基因中存在的适应现象,刚好形成正向与反向的对比。"在发生适应反应之前,遗传基因最初的原始设定"或者"不用适应环境,就能够维持生存的生存状态",就属于与"适应"相对的情况。因此,我尝试搜索了可以与"适应"形成对比的、用来形容上述现象与状态的生物学概念和词汇,但是,我没有找到让自己认同的比较合适的概念。无奈之下,我只好采用自创词"原本",并开始用在自己的研究中。

实际上,现代生物学属于西欧近代流派,在现代生物的概念中,"适应"(adapt)与"适合"(fit)的界限渐渐变得模糊不清了。因此,我所说的"原本"概念,已经被融入"适应"的概念中,变成其中不可分离的一部分,渐渐看不出其本质了。适应酶(adaption enzyme)已经不符合"适应"的概念,现在被称为诱导酶(induced enzyme),而且《岩波生物学词典》中,对于"适应"的概念有如下定义:生物所具有的形态、生活状态及行为方式等特质,在其生存的环境中能够很好地维持其生存,抑或有益于生物个体生存及繁殖的生命个体的特质,与用来形容"状态"的"合适"的概念相同。这个定义,掩盖了对于不合适环境的补充和危机管理等适应的本质特征,从这个定义来看,"适应"与"正常生存"没有任何差别。这个定义已经渗透到生物学领域,并形成了正统化的概念。近年来,将"可以很好地生存"等同于"可以很好地适应"的例子屡见不鲜。从中我们可以看出,这是由于受到了"生存即等于适应"这一概念的影响。

让我们回归到"适应"原本的概念,即"改变自己或某种事物以适应当前状况和环境",从这个背景出发思考问题。现代生物学认为"生存即等于适应",现代生物学与西欧近现代文明似乎坚信环境与人类生命最初的设定就是不一致的,最初不和谐与纠葛就存在,不管是"人类适应环境"还是"使环境适应人类的生存方式"的过程,"适应"本身就是"生存"。"原本"这一概念的根源是,"人类与环境之间最初就拥有完美的和谐状态"。这个概念在发展较好的自然民族和传统社会中十分常见,但是在现代生物学研究和西欧近现代文明中看不到。我认为必须再次强调引用"原本"这个概念的重要性。

与我们所设定"原本"以及"适应"的概念都完全相反的第三种情况,我将在后文中做详细说明,在此我稍微讲解一下要点。当生命唤醒所有生来就携带的遗传基因的活性之后,还是无法适应环境,或者生命的活性与环境的差异仍然较大时,地球生命会自己唤醒原先存活于DNA中的解体程序,将自己的身体分解成可再利用的要素,还原成适应环境的状态,我将这个情况称为"自我解体"。

控制生命的三大模式

在这里,我想重新通过图4-1对生命的模式进行说明。如上所述,某个生命物种完成进化性适应的"原本的环境",与这个物种遗传基因中生来已被发现遗传基因设置的"原本程序"互相匹配。在这种状态下,地球生命可以按照原本的状态毫无压力地生存,这是生命运动的"原本模式"。

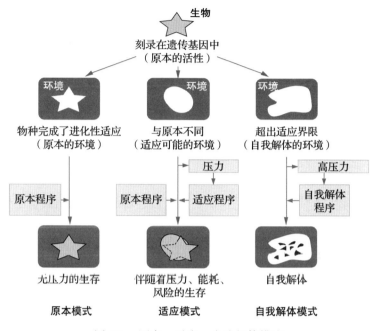

图 4-1　原本—适应—自我解体模式

资料来源：改编自大桥力《声音与文明》，2003 年。

与此相对应的是"适应模式"，即当所处环境与原本的生命活性有所差异时，生命就会打开最初处于关闭状态的发现遗传基因的按钮，唤醒"适应程序"，补充生命体内物质的欠缺和不足。"适应模式"也包含当生命过于活跃或者重复生产时关闭按钮，节约一部分遗传基因运作的情况。

生命在不适应的环境中会产生应激反应，这个反应在启动"适应模式"中发挥着重要作用。这是因为，在应激反应的作用下，会生成启动发现遗传基因按钮的机制，因此就能激发为适应环境而生产新酶的遗传基因的活性。在这个过程中，生成新酶会产生能量消耗和适量的生命科学成本。另外，在新的遗传基因活性出现之前，生命处于不适应环境的状态中，会面临生存能力低下的风险。生命在转为"适应模式"以维持生存的过程中，会出现压力、能耗和风险这三个不利因素，而这三个"适应模式的不利因素"会危及生命安全。从这一点上来看，对于生命来说，"适应"并不是优于"原本"的模式。

当启动了所有已经预先写进遗传基因中的适应程序后，还无法解除生命对环境的不适应时，生命就会转而启动为结束自己生命而准备的"自我解体程序"，自己终结自己的生命。同时，为了躯体可以被其他生命更好地再利用，生命通过自身的力量分解出最适合再利用的元素，这就是生命的"自我解体程序"，与此相对应的就是"自我解体模式"。地球的生命通过这三种模式中的一种得以存续。

地球生命中被程序化的自我解体机制

在地球生命的三大模式中，出现了全新的、奇特的"自我分解"概念，接下来，我将阐述这个概念出现的背景。图 4-2 是将 20 世纪美国著名生物学家尤金·奥德姆（Eugene Odum）的生态系统循环理论模型，与我们在此基础上重新构建的模型相结合的产物。首先，在奥德姆的理论模型中，在捕食、分解以及通过生物体共生细菌从植物中直接摄取营养的食物链基础上，再加上

"自然腐蚀现象",形成了循环系统。通过这种循环,生命活动从环境中获取的物质和空间得以再返还到环境中,恢复原状,通过对物质和空间的再利用,实现新生命的诞生,如此循环往复。这个构想作为生态学的一大原则被世人广泛接受。

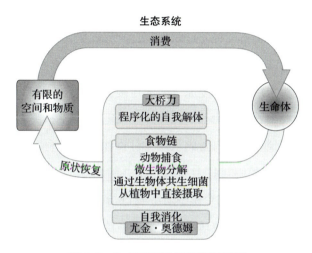

图 4-2 生态系统的原状恢复原理

资料来源:摘自大桥力。

在这个构想的基础上,我们加上了不同的观点,创立了新模型。我们将奥德姆提出的生物体秩序崩塌的过程,即伴随着能量释放和熵值①增大的生物体外的"自我消化"过程,用几乎全新的概念进行替换。与奥德姆的想法相反,我们对此进行了重新定义。我们认为,生物在自我分解的过程中,通过自身的有效控

---

① 由德国物理学家克劳修斯导入的物理量,表示物质系统的杂乱、无序、不规则程度的一种量度。——译者注

制，将自己分解为最容易被其他生命体再利用的状态，这个过程伴随着能量消耗和熵值的降低，是在生命体内发生的。我们所提出的模型是，所有的生命都会将自己分解为最容易被其他生命体利用的状态，而后返还自然，即利他性结构被普遍设定在地球生命的基因中。

利己性结构是一种通过弱肉强食的方式从其他生物身上夺取生存所需的营养和能量，不顾后果的结构。所谓食物链，正是通过这个结构实现与环境复原之间的连接。我们建立了与上述食物链并行的模型，即生物都毫无例外被设定了利他性结构，将自身分解为对其他生物最有益的状态，自我善后，为环境复原贡献力量。1987年，我们与村上和熊先生共同发表了"程序化的自我解体模型"。在提出这个模型之后的20多年里，我们都在重复求证，这个模型是否与地球生物或生态系统完全匹配？这个模型又意味着什么？

我一直通过生物化学实验的方式，来证明这样的利他性结构很可能存在于地球生命之中。那么接下来，我想先从我自身的研究讲起（见图4-3）。我的研究材料是单细胞原生动物——四膜虫，一个细胞就代表着一个生命，所以细胞的死亡便代表生命个体的死亡。由此，便可与"细胞凋亡"（apoptosis）的概念区别开来，细胞凋亡指的是，细胞按照自身生长规律，有计划地脱落一部分细胞以确保生存。接下来，我发明了"神经冲脉"研究法，以推进研究的发展。神经冲脉研究法，可以将现有环境的不适应程度已经超过了生命自身的适应能力，照此下去无法维持生命存续的这个信息,瞬间传达给细胞中的DNA。

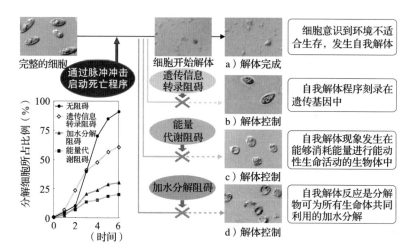

图4-3 从单细胞原生动物四膜虫模型实验中观察到的自我解体现象

资料来源:参照 Oohashi T.et al.,Artificial Life,Vol.15.2009 绘制而成。

完成上述准备,就可以推进生物完成死亡与解体过程的研究。参照图4-3的照片,我们可以看出,在显微镜之下,细胞在死亡后的一个小时内,细胞的形状开始发生变化,最快两个小时,最慢六个小时之内细胞完全分解,这个现象极有可能说明了,细胞中的DNA意识到了自身与目前所处环境的不适应而启动了自我解体的按钮,完成了自我解体的过程。

为了确认上述推断的正确性,我们做了下述试验:在细胞启动死亡程序时,加入会阻碍DNA基因转录形成信使RNA⊖的化学物质。这个试验出现了值得我们关注的结果,细胞没有分解而

⊖ 把蛋白质合成物的遗传信息抄录下来传递的核糖核酸。——译者注

保持了原状，处于静止状态（见图4-3b）。这个实验，通过转录阻止剂阻碍了DNA的分解指令传递到信使RNA下面的命令系统。反推这个过程，在遗传基因中已经刻录了自我解体程序，一旦信息传递过程被切断就会阻碍自我解体的进行，这个结论正确的可能性非常高。换言之，这也暗示着自我分解组织可能已在遗传基因中被程序化。

另外一个实验，是通过中断整个实验过程的供氧来抑制细胞的能量代谢。换言之，我们尝试切断了作为动力的能量开关，如此一来，细胞变成如木乃伊般的静止状态，无法分解。这个结果表明，生物通过自身的力量启动能量代谢系统，自己提供动力，拼尽全力制造消化酶，最终自我分解回归自然环境。因此，自我解体的过程并非如生态学家尤金·奥德姆所描述的那样，是生存秩序崩塌后，伴随着能量释放及熵值增大，发生在生物体外的过程。这个过程极有可能如我们所构建的模型那样，是在某种秩序的控制下，伴随着熵值减低和能量消耗，发生在生物体内的过程。当我看到这个实验结果时，不禁流下感动的泪水，原因在于，在这个实验中，我们发现了地球生命所拥有的利他性这一高贵特质。

除此之外，我们还研究了上述分解反应的过程。在整个分解过程中，加入对水解酶类的反应起阻碍作用的阻碍剂，在阻碍剂的影响下分解过程立刻停止。例如，将蛋白质分解为氨基酸，核酸分解为核苷酸，在这些过程中，分解酶将在生命现象中起决定性作用的高分子聚合物，分解为生命可再利用的低分子量单体，这个观点也可证明我们所提出模型的正确性。

在上述过程中分解形成的低分子量单体，不仅是发生自我分解生物的产物，更是地球上所有其他生物可直接实现再利用的部件。如果这些低分子量单体被进一步分解，除非消耗能量重新合成低分子单体，否则利用率极低。反之，如果高分子聚合物没有分解到低分子量单体的程度，分子依旧比较大，那么也很难实现再利用。分解的过程，就是将高分子分解为刚好能直接被利用的、能量消耗最少的单体结构。从上述整个过程来看，作为实验原材料的原生动物四膜虫也一样，一旦它的DNA做出"无法继续生存"的判定，就会开始自我分解，将自己分解为其他生物可以直接再利用的单体，而后消失。四膜虫中很可能隐藏着利他性结构的遗传信息，这是十分令人惊讶的发现。

从方法论的角度来看，这一系列实验并不是十分高难度的实验，在细胞分子生物学中，这只是最基本的方法，但是我们从中获得了意想不到的结果。虽说是十分简单的实验，却十分有说服力。这一结果的背后，是现代文明所拥有的独特的生命观，这一点不容忽视。从现在的细胞分子生物学到医学，整个生命科学领域，在"维持生命繁殖"的研究之外，还对"改造生命体"和"修复人体"等"人类生存问题"的研究拥有很高的积极性，在知识和技术方面都达到了巅峰水平，但是对于生命结束之后的事情毫无兴趣。似乎是因为，人们缺乏"生命结束之后，会有新的开始"的预感和想象力，对于生命结束之后的事情表示出兴趣的例子极少，生命科学领域对于这个问题的研究还有很大的空白。我们是为数不多的对这件事感兴趣的团队，也正因此，我们通过十分简单的实验获得了超乎想象的成果。仅注重生存和繁殖，不在乎死亡的含义，是近现代文明的局限之所在。

利他性遗传基因的优越性

我们以四膜虫作为研究材料而进行的实验，得出了以下结论：在地球生命细胞中，可能编入了与高度利他性相关的自我解体程序，这个无法否认。但是，这个实验结果只是从原生动物的培养实验中得出的结论，但是仅凭以上实验，我们无法得知这个结构对于生命整体来说是积极的还是消极的。有人提出，生命拥有伴随自我解体的利他性死亡程序，对于生存来说绝非有益，应该淘汰。我认为，有以上疑问是也理所当然的。为了研究以上问题，只能期待进化生物学领域能有最新的研究成果。

某个物种拥有利于繁衍子体的优秀遗传基因系统，还是拥有应该被淘汰的系统，是通过地球生态系长时间的进化历程做出的选择，这个历程可能需要几万年甚至几十万年。为了打破时间的限制，尽快推进进化生物学问题的研究，通过对电脑中的"人工生命"进行"进化模拟实验"研究的方式备受关注。我有段时间任职于日本 ATR 研究所，制造新型人工生命模型，开始"程序化自我解体"的探讨。以此为契机，迄今为止我都在进行此项研究，这一系列的研究取得了丰富的成果。

首先，我们在电脑中制作了与地球十分相似的复杂的虚拟天体,如图4-4所示。这个虚拟生态系统被切分成了细小的格子,不同的场所,每个格子中所设定的温度和物质都有所差异,即我们制作了与地球类似的有限且不均衡的虚拟天体。我们在电脑中制作了一模一样的两个虚拟天体,并且植入了可以实现自我繁殖的人工生命。但是,一个天体中的人工生命是不会死亡的,另一个天体的生命带有死亡后可实现再利用的程序,即拥有实现自我分解的结构。"死亡和自我解体"机制是在生命到达尽头或者与环境产生绝对性不适应的时候才启动,两个虚拟天体的人工生命除了这点不同之外,其他条件完全相同。我们将各自的人工生命放入两个虚拟天体中,并且放置在最适合生命的天体中央的位置,在几乎完成对等的条件下开始繁殖。

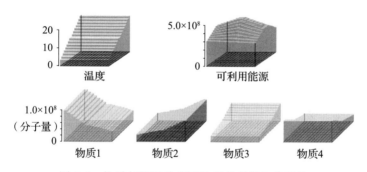

图4-4 物质与能量分布不均衡的虚拟生态系统

资料来源:参照 Oohashi T.et al.,Artificial Life,Vol.15.2009 绘制而成。

每个人工生命的可生存范围和生存界限,是由初期的遗传基因决定的。因此,不死生命,逐渐开始占领自己可生存的区域。但是,死亡生命在繁殖的同时,也伴随着死亡,初期阶段繁殖的势头并不明显。不久之后，不死生命就全部占领了可生存的区域，无法再实现繁殖，到达了极限状态。但是，死亡生命很意外地世代更迭，不断扩大生存区域，一段时间过后，开始在虚拟天体中广泛繁殖（见图4-5）。

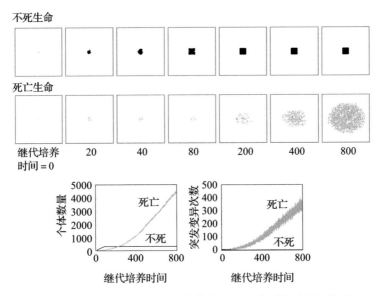

图4-5 在有限且不均衡的环境条件下，生态系统中的死亡生命比不死生命更为活跃

资料来源：参照Oohashi T.et al.,Artificial Life,Vol.15.2009绘制而成。

在这里，我们制作的虚拟天体环境是有限且不均衡的。因此，虽然不死生命用极快的速度就占领了所有的可生存范围，但是占领所有可生存范围之后，就无法实现进一步繁殖。此外，死亡生命在繁殖的同时，通过自我解体，将生存的空间和物质归还自然环境，留给子体，子体在此基础上诞生，无限重复上述过程。

新生命的诞生，必将伴随着新 DNA 的复制。在 DNA 复制命令不断被执行的过程中，复制次数增多后，会出现一定比例的复制错误，产生突发变异。在诞生之时产出突发变异的大部分生命都无法生存，而仅有一小部分的生命，因拥有母体身上没有的新活性，而得以存活下来，以上过程就是进化。如果出现了在母体无法生存的环境中得以存续的子体，就说明产生了对新环境的"适应性进化"。

在实验中我们设定的条件下，重复进行 DNA 复制的死亡生命发生突发变异的数量占多数，因此进化不断加速。由此，在地球这个拥有有限且不均衡环境条件的生态系统中，比起 DNA 复制频率较低的不死生命，复制频率较高的死亡生命对于多样性环境的适应性进化速度更为显著，不断扩大版图，得以繁衍的可能性更高。

在以上模拟实验中，我们制作了不同的天体，让死亡生命和不死生命分别进行繁殖，在这个过程中两者不存在竞争关系，因此，对于利他性死亡生命来说可能不会产生不利影响。接下来，我们进行下一个实验，将两种人工生命放在同一个天体中，让它们处于共同生存、相互竞争的状态。这个实验的结果也是死亡生命实现了更好的繁衍。

另外，我们还研究了生命体利他性程度的不同对繁衍子体的影响。为了做此研究，我们设计了三种死亡生命。第一种是地球生命，这类生命通过自我解体产生的物质可实现直接再利用，利他性程度最高；第二种是利他性程度最低的生命，这种生命体由于分解过于彻底，而导致分解产物过细，必须通过合成作用才能实现再利用；第三种是介于以上两者之间的生命。在此基础上，加上不死生命，让这四种生命在电脑制作出的虚拟生态系统中共存，做比较实验。在这个实验中，我们得到了令人震惊的结果：不死生命在某个阶段停止繁殖，达到极限；死亡生命中利他性程度较低的生命在某个阶段实现繁衍，而后开始衰退；与此相反，与地球生命拥有相同结构的利他性程度最高的生命体，比其他所有生命繁衍得更为繁荣（见图4-6）。

在电脑中设计人工生命时，我们注意到了以下现象。与持续繁殖的不死生命不同，在设计死亡生命时，我们必须重新编写将死亡和分解结构进行程序化的遗传基因，因此遗传基因会变长。以上过程使不死生命的遗传基因更加发达。换言之，我们是在遗传基因进化的基础上，才构筑了死亡生命。

如此说来，最初的死亡生命，是原始的不死生命突发变异后诞生的，这个由进化而诞生的唯一生命将何去何从？对此，我们也做了模拟实验。

在这个实验中，大部分情况下，不死生命都占据压倒性优势，死亡生命不断毁灭。但不可忽视的是，死亡生命在不死生命进化的基础上诞生了唯一一个生命，而后通过不断繁衍，以惊人的速度实现数量的增长。因此，毫无意外，最终死亡生命会凌驾于不死生命之上，实现不断繁殖。这一结论是从我们所进行的严谨的实验中得到的确切结果，同时这个结论也能对生物结构进行合理性说明，利他性死亡生物的优越性难以超越。

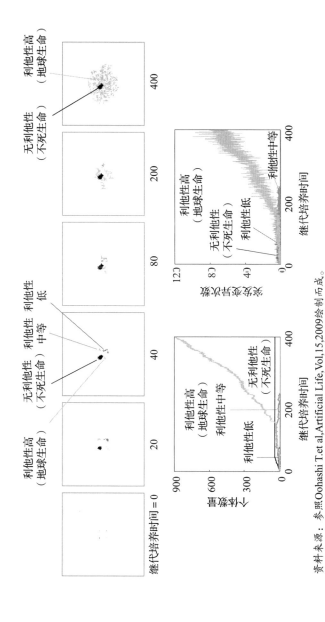

图 4-6 在有有限且不均衡的环境条件下，生态系统中利他性最高的死亡生命最具活性

资料来源：参照 Oohashi T.et al,Artificial Life,Vol.15,2009绘制而成。

资料来源：参照 Oohashi T.et al,Artificial Life,Vol.15,2009绘制而成。

第 4 章 构筑利他性遗传基因优越性的生命文明 | 149

在模拟实验中，我们在有限的虚拟天体中构筑了与地球一样多样性的不等质的环境，根据不同的场所，所设定的温度和物质也互不相同。在最初的设定条件中，生命只在虚拟天体中的特定可生存范围进行子体繁殖。我们在迄今为止最忠于现实的设定条件中，对现存地球生态系统、地球生命的生存与进化历史进行了模拟实验。在此过程中，最初仅拥有自我繁殖结构的不死生命，由于"进化发展"获得了死亡和自我解体的结构。通过死亡和自我解体的结构，死亡生命加速适应性进化的进程，通过激发出全新的活性，从战胜不死生命，不断扩大生存领域。死亡生命在相同的生态系统中不断重复繁殖，加速进化过程，通过贡献死亡换来物种的繁荣。死亡生命的遗传基因被预先设定了自我解体的死亡程序，这一结构看似对生存不利，但称得上是"经过精心考量的生存法则"。

如果将达尔文进化论的本质进行现代化定义，那便是"拥有更适应生存的遗传基因结构的生命，更不易遭到淘汰，更能使后代繁荣"。很多人可能会产生这样的疑问：主动放弃生存的死亡遗传基因为何会存在于世？对此，主张"利己性遗传基因"优越性的牛津大学理查德·道金斯（Richard Dawkins）教授也未能清楚地进行解释，只提出了以下模型：在DNA中，时而会混入死亡程序并趋向稳定。虽然这也是一种解释，但不可否认的是，这也不过是个非常消极的存在理由。

与此不同，我们的模型设定了一种自主服务于其他生命的高度利他性的存在，即在主动选择死亡时，通过自我解体将自己的躯体分解为其他所有生命可直接利用的部件,并归还于自然。在此基础上,我们做出了以下可能性判定,即拥有利他性遗传基因的生命谱系,超越仅有利己性的原始不死生命,逐渐占领生态系统。我们的模型,与从19世纪后期开始就根深蒂固地存在于现代人脑海中的弱肉强食、优胜劣汰的达尔文主义相悖,而且难以协调。

现存地球生命为何无一例外都会死亡?对于这一问题,迄今为止都没有较为合理的解释。我们的模型对这个问题进行了全新的解释:从较为原始的不死生命进化而来的较为高级的死亡生命,通过自身的优越性驱逐不死生命,使之灭绝,从而实现自身在地球整体的繁衍扩张,因此地球上已没有不死生命的存在。也就是说,伴随着自我解体的利他性死亡,是地球生命所选择的普遍性的生存法则。从这点来看,利他性是地球上所有生命的共同本质。

自发地进行自我复制的系统,必然会使利己性生命得到不断发展,达尔文主义和新达尔文主义的发展为这个观点提供了最好的证明。但是,以上观点缺乏对于"利他性"生存法则的认识,"利他性"是地球生命作为"利己性"的上层结构进化发展而来的生存法则。这些片面的观点,成为近现代文明弱肉强食、优胜劣汰认识体系合理化的基础,它们默许包括帝国主义、殖民地主义、市场原教旨主义等认识体系的存在,因此也成为招致地球危机的"元凶"。达尔文主义及新达尔文主义忽视了在地球生命中普遍存在的本质——利他性,也正是因为这一本质,死亡生命才有可能超越只停留在利己性阶段的不死生命，使之灭亡。近现代文明在知识结构上存在的缺陷引发了地球危机，在明确了利他性遗传基因优越性的今天，我们必须通过现代科学研究，在可控范围内重新审视这一问题。

人类原本的生存环境——热带雨林

如上所述，在我们模型中的第三种模式——"自我分解模式"下，生命体最终结束生存；在第二种模式——"适应模式"下，生命体的生存伴随着三大副作用。由此可知，最理想的生存状态是在自然条件下繁荣发展的第一种模式——"原本模式"。最可能实现这一"原本模式"的环境一定是"原本环境"。原则上，"原本环境"指的是某一物种完成适应性进化，并形成遗传基因类型的环境。那么，对于人类来说，"原本环境"指的是哪里呢？这是一个值得研究的问题。

关于人类的起源环境，原先最有说服力的观点还是"热带草原起源说"，但是近年来，这一观点完全被"非洲热带雨林单一起源说"所替代。从祖先猩猩进化而来的大型类人猿，大脑不断得以发达进化，逐渐拥有了行走能力，历经2000年之后又可以喃喃自语，这一系列进化都是在热带雨林环境中完成的。我们现代人类的进化发展也被认为是在热带雨林中完成的。我们很可能与我们的祖先一样，遗传基因与大脑都被设定为生存在热带雨林中的"森林狩猎民族"而诞生。

位于非洲刚果共和国东北部的伊图里森林，被称为是目前世界上最原始的热带雨林，以及保留有最完整的狩猎采集社会遗迹。我曾进入伊图里森林最深处，与原住民姆布蒂俾格米人（Mbuti pygmies）进行过短暂的共同生活，收获了意想不到的体验。正是这些体验，让我得出了前文提到的与安田先生类似的文明概念。从伊图里森林生活的美好景象中，我意识到，现代文明想要实现"富裕生活"，实际上是由现代人身上的遗传基因所决定的，是遗传基因做出的适应性努力，想要接近人类原本的森林狩猎采集生活。

举个简单的例子，我们可以通过空气的状态来说明以上观点（见表4-1）。我们在使用空调时，大多会把温度设置在25℃左右，湿度最多可以设置在50%～60%。这一空气条件，虽然与姆布蒂俾格米人生存的伊图里森林的温度和湿度环境十分接近，但还是有所差距。我们的遗传基因与大脑是在原始森林环境下形成的，在原始森林的空气中，或者说与之相同的空气状态中，自然而然会感到舒适。一旦远离森林环境，被放置于完全不同的空气环境中，我们会感到不适应。可能是为了摆脱这种不适应感，人类利用科学技术研发出了空调，从而制造出与森林相似的空气状态。

表4-1 现代文明社会的生活方式朝着人类原始的森林狩猎采集型生活方式靠近

	现代文明社会	伊图里森林中的姆布蒂俾格米人
居住用空调	温度23～27℃、湿度50%～60%（空调初始设置的温度及湿度标准）	温度20～27℃、湿度65%～75%

(续)

	现代文明社会	伊图里森林中的姆布蒂俾格米人
食材种类	植物类　　　63 种 肉类　　　　23 种 鱼类和贝类　125 种 总计　　　　211 种 (从其他生态系统中搬运而来，陈列在便利店中)	植物类　　　79 种 肉类　　　　207 种 鱼类和贝类　22 种 总计　　　　308 种 (产自周围森林中，选择符合口味的品种)
音乐形式及娱乐方式	16 节拍的复调音乐形式（多数外行人花钱享受少数专业人的表演）	16 节拍的复调音乐形式（全员参与，成人原创的音乐水平与文明国家的专业人士水平相当）
工作时间	约 5 个小时（周休两天，加上休假缩短至 5 小时）	约 4 个小时
能量消耗	约 100 万千卡以上（来自生产、移动、通信、管理、教育、战争等的消耗）	约 3000 千卡（用于一天食物的消耗）

资料来源：改编自大桥力，《人类与社会环境》，放松大学教育振兴会，1990 年。

再举个例子，比如食物（见表 4-1）。据我到访伊图里森林时的旧数据显示，在当时日本人的食材总共有 211 种，这些从其他生态系统中获取的食材被摆放在超市和便利店等地方，人们再从这些地方买来食用。在我当时调查初始的论文数据显示，俾格米人的食材有 308 种，这些食材遍布在森林各处，俾格米人根据食物美味程度进行有选择的采集食用。在森林中食物最集中的地方，俾格米人利用树叶建造房屋，除了采集果实，还以令人震惊的速度在房屋附近开始了狩猎生活。如果这种生活是我们原始遗传基因设定所做出的选择，那么现代生活中的便利店就与热带雨林的食物环境相似——离住处近，穿着拖鞋就能去，而且食物品类繁多。从这点出发，俾格米人就好比生活在"没有收银台的便利店"里。在开始生活之后，周边的食物不断减少，当获取食物变得困难时，他们会转移住处，搬到另一处食物聚集的地方，开始"便利店式"的生活。24小时便利店可以说是文明的灾害之一，但是这也表明了，在我们人类的遗传基因中，森林狩猎采集民族的特质迄今为止都没有改变。

此外，我还想从音乐形式的角度切入探讨。不同的民族、不同的文化会产生不同的音乐形式。音乐形式反映了一个社会群体的结构与生存方式，为我们提供了了解不同民族、不同文化的有效途径。如果从民族音乐学的角度，对当今商业音乐中人气最高、最盈利的音乐形式进行概括的话，16节拍的复调音乐形式，即类似迪斯科这种音乐形式占据绝对优势。而包括伊图里森林原住民俾格米人在内，非洲的狩猎采集民族，自远占以来传承至今的传统音乐形式正是16节拍的复调音乐形式。

在美国商业音乐的发展史中，16节拍的复调音乐形式在20世纪70年代前后开始步入正轨。如果从节奏的角度纵观过去商业音乐的发展历程，可得知，最初在第二次世界大战前出现了4节拍音乐形式，接下来，以埃尔维斯·普雷斯利（"猫王"）为代表的摇滚乐使得8节拍音乐形式备受欢迎，最后由非洲黑人发展起来的16节拍音乐形式正式出现。但不可思议的是，这种16节拍的音乐形式以"迪斯科节奏"的形式流行之后，音乐产业试图通过改变节奏重新改变音乐市场的基本战略，但从未取得成功。

虽是题外话，但是从美国商业音乐产业的发展历史中，特别是从第二次世界大战后开始，我们可以发现一个很清晰的战略。第二次世界大战后，标准曲目重回历史舞台，再加上新音乐的诞生，音乐数量极其庞大。战后不久，一位名为佩雷斯·普拉多（Pérez Prado）的音乐家如彗星般从古巴空降美国，带来了热极一时的曼波舞曲，稍微年长的人应该有印象。那么，曼波舞曲的流行带来了怎样的影响呢？在世界范围内出现了这样的现象：包括战前的古典音乐在内的无数曲目，全部被用曼波舞曲重新翻唱之后进入唱片市场。如此一来，旧曲目得以重整旗鼓，十分畅销。曼波舞曲的市场饱和之后，又创作出了曼波舞曲的衍生节奏"恰恰"，这一节奏又将所有曲目重新包装，使得旧曲目再度畅销。新类型音乐的诞生，在商业音乐中起到重新引领音乐市场的作用，与利益息息相关。但是，在16节拍的音乐出现之后，不管创作出怎样的新节奏，都无法替代其在音乐市场中的地位，重新设定市场的战略已名存实亡。就算出现了新名称的音乐节奏，其形式无一例外都是16节拍的复调音乐形式。16节拍的复调音乐形式极有可能是设置在人类遗传基因中，能给人类带来快乐的具有普遍性的节奏，与文化种类和学习程度无关，能够抓住人们心灵的节奏只有这一种，这一节奏至今还支配着整个音乐市场。

人类原本的生存模式——狩猎采集

言归正传。著名音乐评论家中村东洋先生曾送给我一张记录俾格米人音乐的唱片，这张唱片是促使我进入伊图里森林最深处与姆布蒂俾格米人相处的直接原因。他们的音乐都是"16节拍的复调音乐",加上二节拍和三节拍共存的双重节奏"黑米奥拉比例",我十分惊叹于俾格米人音乐的完成度。如此美妙的音乐,竟然出自这个世界上"未开化和野蛮"的地方,从远古时代传承而来。无论如何,我都想亲身体验、亲耳聆听这一美妙的音乐,于是我开启了这次旅程,而这次旅程也改变了我此后的人生轨迹。

当我去往当地亲耳聆听了他们的音乐,与他们一起演奏之后,内心感到无比震惊。几乎所有的姆布蒂俾格米人在 15 岁之后,都拥有发达国家专业音乐人的表演能力,而且他们的音乐与世界最新潮流的流行音乐十分相似(见表 4-1)。西方音乐的发展史,是从远离人类最原始音乐的地方开始,朝着人类最原本的音乐形式不断发展,到 20 世纪后期才终于达成。姆布蒂俾格米人的音乐与现代文明最大的差异在于,在现代文明社会中,这类音乐一般只由少数专业的音乐家演奏,而占大多数的普通人只能通过花钱买票的方式才能欣赏到这些音乐。而姆布蒂俾格米人的音乐没有演奏者与聆听者之分,"享受音乐"与"为他人演奏音乐"完全融为一体,其表现形式本身就是相互性的,极具利他性。"除了自己之外的其他部分"全部由机器代替的卡拉 OK 形式之所以能够取得成功,或许与人类原本的遗传基因相关。

以姆布蒂俾格米人为首的所有狩猎采集民族的劳动时间是极为短暂的(见表 4-1)。有人类学家提出,姆布蒂俾格米人日均能量消耗约 3000 千卡,而在所谓的发达国家,包括教育和战争等间接性的能量耗费在内,其能量消耗量已经达到了异常不合理的程度。现代文明利用科学技术消耗巨大的能量,才使得包围在身心之外的"物质""能源"和"信息"等环境的一部分能够接近森林狩猎采集民族的生活,在这里我想提醒大家的是,这并非毫无道理。事实上,现代人类的遗传基因与森林狩猎采集民族的基因并无多大差异,两者极有可能与猩猩、大猩猩和黑猩猩的遗传基因极其类似,都被设定为"最适合在热带雨林中进行狩猎采集生活"的基因类型。

作为必要信息的"热带雨林之声"

我们的遗传基因和以此为基础形成的大脑,是以热带雨林为原始环境设定的,接下来我们将尝试从不同角度来对此观点进行分析。为此,我们对文明社会的环境音和作为人类遗传基因摇篮的热带雨林的环境音的物理结构进行了研究,同时对比两者对人类身心产生的影响(见图4-7和图4-8)。在混凝土钢筋结构的高楼中,一旦关闭空调开关,几乎听不到声音,这时声波的频率保持在5000赫兹以下,也几乎观察不到声谱的时间性变化。然而,在热带雨林中,声波超过了10万赫兹的高频率成分极其丰富,同时声谱也不断进行着复杂的变化。水田农耕社会的环境音恰好介于上述两者之间。在日本筑波的住宅区能听到十分舒适的环境音。即便如此,声音的好坏取决于主观判断,因此我们通过对大脑活性和免疫力等客观指标的统计处理,对其进行了严谨的研究。

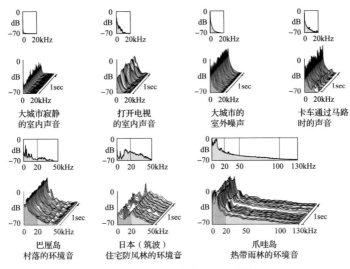

图 4-7　各种环境音的物理结构

资料来源：改编自大桥力《声音与文明》，2003 年。

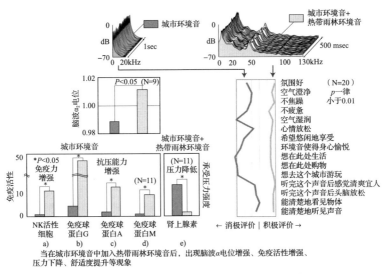

图 4-8　验证热带雨林环境音有效性的模拟实验

资料来源：改编自仁科、大桥力《日本城市规划学会城市规划论文集》，40，2005 年。

第 4 章　构筑利他性遗传基因优越性的生命文明

首先，我们观测了实验者在被城市环境音环绕时的脑波变化；接着，我们观测了加入高度还原热带雨林声音的录音之后的脑波变化，并将两者进行比较研究。结果，9 名实验者均出现了脑波中 $α_2$ 波增强的现象（见图 4-8）。这里作为衡量指标的 $α_2$ 波，指的是大脑最重要的部位——"大脑中枢"的活动状态。"大脑中枢"将使人产生美感、身心愉悦的奖赏系统，与身体器官活动、稳定性和机体防御等生存功能的中枢系统进行统合，共同保护人类身心。

通过重复研究这些生理指标和心理指标后，我们得出以下结论：热带雨林环境音是美妙舒适且有益身体健康的，在这点上，热带雨林环境音与城市环境音有较大差异。例如，NK 活性细胞，其在抵御癌细胞入侵人体上发挥着重要的免疫作用，在城市环境音中加入热带雨林环境音之后，我们观察到，NK 细胞的活性在 40 分钟后明显增强（见图 4-8a）。另外，作为衡量对抗压力指标的免疫球蛋白的活性，也出现了飞跃式提升（见图 4-8b～d）。相反，应激荷尔蒙中最具代表性的肾上腺素会使血压和血糖升高，在听到城市环境音之后，肾上腺素正常分泌，但是在加入热带雨林环境音后，其分泌骤然减少（见图 4-8e）。我们也通过问卷调查的方式进行了研究，其结果是，热带雨林环境音会使人身心愉悦的回答占绝大多数。以上这些结果表明，我们的遗传基因和大脑是为适应热带雨林环境音而设定的，这说明对于人类来说，最舒适、最健康的生存环境很可能就是原本的环境。

从生命科学的世界观研究文明的含义

我们在做以上研究的过程中,有一次偶遇了安田老师。安田老师在著作《文明的环境史观》中,将"稻作渔捞文明"与"农耕畜牧文明"作为对立文明进行论述的观点十分新颖,也正好与我们累积至今的观点相吻合。将安田先生的研究与我们的研究相结合,就诞生了一个全新的对于"生命文明"的科学研究体系,即"生命文明科学",这一研究体系是安田先生与我共同创立的(见图4-9)。

如上所述,上述各项研究表明,人类遗传基因与大脑是在热带雨林的环境中成型的。将以上观点与我们研究的"原本—适应模型"相结合,我们可以得知人类原本的生存环境和原始的生存模式,即人类最原始的生存环境是热带雨林,而受遗传基因和大脑制约的人类最原始的生存方式是"狩猎采集生活"。在外来压力或者自身意志的作用下,人类逐渐偏离了犹如乐园般的热带雨林环境,开始通过发展"第一产业"来生产食物,这是人类迈向文明的第一步,也是由"原本"向"适应"的转变。一直以来人们都认为,起源于美索不达米亚平原的"农耕畜牧文明"便是农耕社会的开始。中日联合长江文明学术调查团是在梅原猛老师、安田老师以及稻盛和夫理事长的大力支持下成立的。根据该调查团的调查研究,起源于长江流域的"稻作渔捞文明"与已知的四大文明存在着根本性差异。这是一项十分重大的发现,通过此项研究结果,我们可以从两个不同的方向来探讨人类文明的应有状态。以我们遗传基因与大脑的原始设定为基准,我们应该如何评价这两个方向?这样的讨论对于生命科学的研究具有非凡的意义。

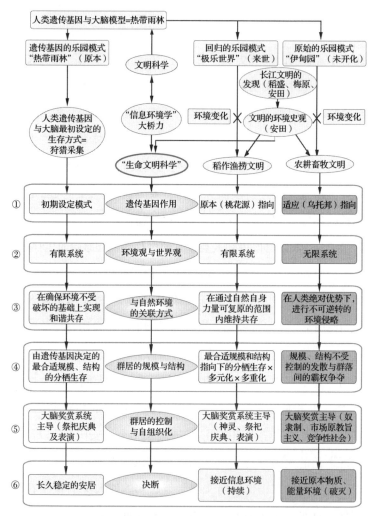

图 4-9 "文明的环境史观"与"信息环境学"相结合诞生的"生命文明科学"研究体系下的文明对比模型

资料来源：摘自大桥力。

原本性文明与适应性文明

根据"生命文明"模式,人类最具代表性的生存方式可分为三种模式:狩猎采集模式、稻作渔捞模式和农耕畜牧模式。我们可以从这三种模式中找到较好的对比切入点(见图4-9),在此基础上我们构建了"生命文明科学"研究体系,以进一步推动我们的研究。

首先,从最基础的"遗传基因作用"(见图4-9①)开始。我们可以从以下观点切入研究:在拥有"原本—适应—自我解体"这三种模式的遗传基因中发现,哪一种模式是最主要的?毋庸置疑,热带雨林的"狩猎采集生活模式"是无限接近于初期基本设定的"原本"生活模式。虽说稻作渔捞文明从"原本"生活模式向前迈出了一步,但其研究范围依旧是在森林的狩猎采集民族身上,众多研究表明,将其视为"原本"模式较为妥当。与上述两种模式相反,"农耕畜牧文明"将"原本"视为"野蛮和未开化",对其加以否定,表现出明显的偏离"原本"的趋势。换言之,稻作渔捞文明模式还未偏离"回归自然"的大方向,而农耕畜牧文明模式是"由原始向文明的转变",朝着脱离"原本"、提高"适应"的方向发展,前方等待着它的将是"自我解体"这一文明的病理。

以"环境观与世界观"作为切入点来看,俾格米人拥有"有限的世界观",虽然生存在如此广袤的森林中,但是人类生存的空间和时间是极其受限的。而且从宏观上看,人口呈现不增也不减的状态。在稻作渔捞文明中，建造梯田的人口也表现出了类似的趋势。在这两种文明模式中，人类将自然环境和社会环境都视为有限的环境，"没有入侵也没有被入侵，没有增加也没有减少"，这是一种值得尊重的十分安定的生存系统。与之相反，"农耕畜牧文明"社会，包括近现代文明社会在内，将地球和环境世界视为无限的环境，不断进行侵占。其中，典型的例子就是古罗马帝国，以及控制现代美国等超级大国的"无限世界观"的系统。

接下来，我们来比较以上三种模式"与自然环境之间的关系"（见图4-9③）。首先，狩猎采集民族坚持"环境保护"，即在不改变环境原有面貌的范围内实现稳定的和谐共存。而稻作渔捞文明是在环境依靠自身能力能够恢复原貌的范围内进行生存活动，目的是实现与环境的循环可持续发展。如此一来，即使进行生产活动也能够实现长久安定。其中，典型的例子就是将原本的地形加以利用，建造梯田。

例如，在巴厘岛，我们开展研究和艺术活动的基地内有一处陡坡，在这个陡坡的周围渐渐形成了一片森林。这个地方原本是一片梯田，停止土地耕作之后，梯田开始以惊人的速度恢复成森林样貌。在巴厘岛，美丽的梯田仿佛可以在一瞬间恢复成原本的热带森林。由此我们可以得知，在巴厘岛典型的稻作文明传统中，对环境的侵占程度是控制在自然可以依靠自身力量恢复原貌的范围之内的。但是众所周知，在今天我们所属的农耕畜牧文明的社会中，人类占据绝对优势，人类正在不断地对自然进行难以复原的、不可逆的破坏和侵占。这两种文明模式的差异之大，实在令人瞠目结舌。

分栖共存型社会与非分栖共存型社会

接下来，我们从"群居的规模与结构"，即以作为生物的人类的群居的生活方式作为切入点，对比以上三种文明模式的差异之所在（见图4-9④）。不同生物种类"原本最适宜的群居规模与结构"不尽相同，是由遗传基因决定的。群居群体在最适宜的状态下分栖共存，这可以说是地球生态系统的一个标准。在人类原本的生活状态下，这个规模并不是很大。就以我研究的俾格米人为例，当森林里鲜花盛开，蜜蜂采蜜的季节来临之时，俾格米人就会去往森林最深处，形成以数个家庭、十几个人为一组的"营居群"，过着狩猎采集生活；当雨季来临时，俾格米人就离开森林。而与农耕民共同生存时，他们则选择数个营居群聚居的生活方式。在稻作渔捞文明中，原本指向性较强的社会，也形成了具有实质性的基本单位群体，如日本的"乡"、巴厘岛的"村落"等。我们无法否认，这些群体的组成都是人类遗传基因决定的，具有最适宜的规模和最合适的结构，与俾格米人的群体组成一样。在近代日本和巴厘岛，这样的单位群体聚集形成大型社会集团，这便是完善的且具有高度稳定性、持续性与舒适性的"封建社会"。

在日本的乡下、巴厘岛的农村抑或俾格米人聚集的部落里，我总能感受到莫名的亲切感。我认为，原因之一大概是因为在这里我总能找到与我孩提时代家庭和家族环境相似规模与结构的社会群体。这些群体大部分都拥有规模小、相对集中、心心相通的特点，在不破坏整体性的基础上，逐渐多样化、层次化，而后融入大型社会，例如，融入统治着现实社会的近现代"国民国家体制"中。我们可以从社会人类学家克利福德·格尔茨(Clifford Geertz)关注的巴厘岛社会中，找到这一巧妙的群体组成结构。虽然表面上群体的社会规模不断扩大，实则其基本单位内部可能依旧生存在狩猎采集社会的信息环境中。

与此相反，像古代罗马帝国和现代美利坚合众国这样的，发源于美索不达米亚平原的，选择农耕畜牧文明模式的适应指向性社会，根本就没有意识到，社会群体最合适的结构与规模可能是由遗传基因先天决定的。我们从这样的群体中，只能看到"社会规模越大越好，内部结构越统一越好"这样的想法。在这一想法的支持下，不断扩大社会规模，结果进入了一种难以控制的状态。在这样的适应性文明的结构中，群体之间必然会有冲突和霸权之争，这就犹如农耕畜牧文明模式的宿命一般，在霸权之争中，取得胜利的一方得以扩大版图，并被认为是一个成功的社会群体。但是，在长江流域文明中的梯田社会等原本指向性文明的社会中，一味扩大社会规模的群体只会遭到淘汰，最终销声匿迹。因此，以遗传基因设定的最合适的结构与规模的社会群体为单位，分栖共存的方式是最能实现长久生存的方式，现在的分栖共存型社会结构正说明了这一点。

实现群体控制与自组织化的行为控制机制

接下来,我们从"群体控制与自组织化"的角度来进行分析(见图4-9⑤)。正如前文以音乐为素材的论述,在狩猎采集社会中,俾格米人十分重视仪式和表演活动。他们几乎每天进行表演活动,部落群体共同享受音乐带来的快乐。从音乐形式来说,俾格米人的音乐属于复调音乐形式,即几个声部在一定的形式下相互组合,产生和声的效果。这种艺术表现形式从远古时代传承至今,不仅能使人身心愉悦,而且能够拉近人与人之间的距离。通过这种艺术形式产生的情感信息,能激活大脑中"奖赏系统"的活性,使人感到快乐、美好和感动。在这个基础上,俾格米人实现了群体控制与自组织化。在属于长江文明模式的苗族和巴厘岛,这样的做法被当成生存战略。他们将能把祭祀神灵、庆祝仪式、礼仪礼节、艺术表演高度融合的机制的构建和运用作为社会技术,不断对其进行推敲和完善。关于这种做法在生命科学领域的合理性,我将在下文展开论述。

与之相反,在农耕畜牧文明社会中,与大脑"奖赏系统"相对的"惩罚系统"占据主导地位。大脑"惩罚系统"是掌控动物活动的系统,会使人产生不快、痛苦、恐怖的感觉。农耕畜牧文明社会通过大脑"惩罚系统"占据主导的特殊社会结构控制社会,实现社会组织化。

由此我们可以看出,大脑是如何控制我们高等动物的活动的。值得关注的是,在大脑系统中,有"奖赏系统与惩罚系统的行为控制机制"(见图4-10),即大脑中有"奖赏系统"与"惩罚系统"两个对立的神经回路,其中"奖赏系统"能使人身心愉悦,由于受到赞美而产生快感,该回路是通过给予"糖果",诱导人类做出适合生存的行为。"奖赏系统"神经回路,是由会在大脑中产生麻药效果的多巴胺神经系统与阿片类神经系统组成的。在这里,我想事先声明一下,在社会上流传的毒品和兴奋剂等药物,是通过对多巴胺及阿片类等对生存无害但有效的脑内"麻药"进行化学加工而成的物质,这些物质伪装成"奖赏系统"中的神经细胞的受体,并与之结合,不仅会使大脑异常活跃,还会在生理上和精神上产生副作用,甚至威胁人的生存。

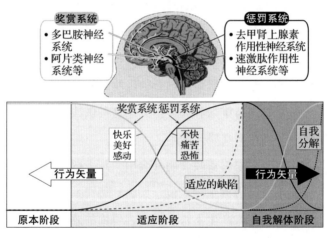

图4-10 大脑奖赏系统与大脑惩罚系统的行为控制机制

资料来源:改编自大桥力《信息环境学》,1989年。

"惩罚系统"是由肾上腺素神经系统等构成的神经回路,与"奖赏系统"相互独立,会使人产生不快、痛苦和恐怖等不良的情绪，通过发挥"鞭子"作用，避免生命体进行不利于生存的活动。

如图 4-10 所示，发挥"糖果"作用的奖赏系统和发挥"鞭子"作用的惩罚系统，形成了一个控制机制，共同控制着人类的行为。这一控制系统可以与前文所述的"原本—适应—自我解体"模式形成对应关系。

如图 4-10 所示，在"原本环境"中形成的"原本模式"，是生命体选择最适合的生存环境与行为的状态。在"原本环境"中，遗传基因与大脑的活性处于初期设定的状态，即处于生而设定的默认模式，生命体可以毫无压力地生存。为了在不适应的环境中生存而形成的"适应模式"，虽然伴随着能耗、风险和压力三大副作用，但是生命体在这个阶段还是可以维持生存的。但是，由于随着适应程度的升高，这三大副作用也会相应增强，因此提高对环境和行为的适应程度绝非上策。而且，一旦进入"自我分解"阶段，生命体会自动转换为"自我解体模式"，结束生命。为了避免这种情况发生，对于行动高度自由的动物，我们必须尽量引导它们的行为朝"原本"的方向发展，在这个过程中，奖赏系统与惩罚系统将发挥作用。在"原本阶段"，大脑奖赏系统的活性程度是最高的，惩罚系统的活性是最低的。随着适应性程度的提高，控制机制通过提升惩罚系统的活性，降低奖赏系统的活性，将动物的行为往"原本阶段"指引，避免它们进入"适应"或"自我解体"阶段。我们试举一个浅显易懂的例子，比如"寒冷与酷暑"，受遗传基因制约的原始生态系统的温度是控制在"不冷不热，十分舒适"的范围之内，以此设定了动物的行为回路，引导动物不脱离最适宜的环境，即使脱离了也能回归到最初的环境中来。

令人担忧的是，一旦进入"自我解体阶段"，舒适与不快的位置会发生对换，将自己的行为往不适合生存的方向指引。举个例子，嗜食症与厌食症是发生在超过可适应的范围，进入"自我解体阶段"的人身上的"行为性自我解体"症状。患有嗜食症的人，即使已经摄入了大量食物还是想吃，这是由于产生快感的神经传达物质——β内啡肽未停止分泌，这是正常情况下不会发生的。原本，吃饱之后若再继续摄入食物会让人产生不快的心情，但是在嗜食症患者身上发生了"反控制"，加速了大量摄取食物的动作。而在厌食症患者身上，通过绝食造成体重骤减，进而威胁生命时，快感物质β内啡肽会大量分泌；相反，在勉强摄取食物使体重恢复后，快感物质β内啡肽的分泌会骤减。这种情况，对于正常人来说就是"反控制"。

以上这些研究结果，具有重要的指导意义，也积累了难得的研究数据。虽说这些研究与我们的研究模型没有关联，却可以为我们的研究模型提供有力的依据。这种"反控制性的系统化自我解体"的情况还不少。以上研究也为自杀现象提供了合理的说明——很多自杀者会产生恍惚和陶醉的状态，带着强烈的憧憬，结束自己的生命。自我解体现象在生理、心理和行为等广泛的范围内存在，生活习惯病与抑郁症等可以说是"自我解体模式"有力的证明。

行为控制系统的层级结构

在大脑的"行为控制系统"中,当做出恰当的选择时,"奖赏系统"就会进行奖励。通过对奖赏系统层级构造进行研究,使之形成模式化,有助于我们快速理解行为控制系统的精巧结构(见图 4-11)。

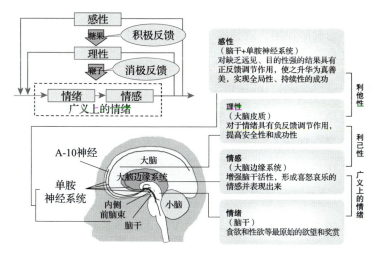

图 4-11　控制行为的大脑机制

资料来源:改编自大桥力《科学》75,2005 年。

从我们的模型中可以看出,位于大脑根源处的器官就是脑干,这是从鱼类到人类,大脑中共同的结构。脑干是生命活动的中枢,同时也控制着与食欲和性欲相关的"情绪",即人类最原始的欲望和奖赏。在脑干上方,是大脑边缘系统,如果将大脑比喻成电子回路的话,大脑边缘系统就是增大脑干所传递的情绪的串联回路，使生物产生喜怒哀乐的"情感"。"情感"的产生首先来自对于自我欲望的认知，同时也与将欲望通过各种表情传递到环境中的反馈息息相关。例如，婴儿在想要喝奶的时候，会通过哭闹的方式将这一信息传递出去，这是为了使自己欲求的目的能够尽快达成而做出的行为。而且，一旦欲求的目的得以实现，就会形成广义上的快感反应，即"奖赏"反应。如果将"情绪"比作"主君"的话，"情感"的角色就是"家臣"。"情感"在控制系统中所起的作用，就是将"主君"的欲求告诉周围的人，并为实现"主君"的欲求而采取行动。

但是，"情感"的作用也是有局限性的，"任凭情感的趋向而采取行动"的行为，常常意味着"莽撞冒失"，极易造成事与愿违的结果。在此，"理性"发挥着"家臣劝阻主君，过于性急反而会产生反作用，不如暂且加以控制"的作用，为了抵抗"情绪"，启动负反馈调节作用。因此，"理性"经常被当作"情绪"与"情感"的对立面，但事实并非如此。虽然，有很多观点将"理性"与"情感"当成对立面，但是从大脑回路结构来看，实际上"理性"是协助"情绪"的支持回路。电子回路中的负反馈调节，指的是通过施加反力，消除多余的电力，凸显其性能。"理性"与"情绪"的关系与以上作用相似，"理性"看似增加了反力，实际上确保了"情绪"目的的达成。由此，我们可以看出，"情绪"与"理性"的组合本质上并无矛盾，是十分协调的系统结构。

即便如此，拥有"理性"的语言和符号的大脑功能，偏向于离散性的、单维度的、逐次的处理方式，在多维度、连续性的延展方面有所欠缺，因此容易造成缺乏远见、目的性强的结果。"理性"的大脑回路难以做到从大处着眼，无法避免以自我为中心、只根据当前的理论采取行动的局限性。而"感性"的大脑回路，对于拥有以上局限性的"理性"大脑回路具有正反馈调节作用，通过"奖赏"的作用，使"真善美"的感动以及追求"实现自我"的愉悦感得以升华，从而实现全局性、持续性的成功。值得关注的是，承担以上作用的神经回路，存在以多巴胺为介质的"A-10神经"。从我们的研究模型来看，"理性"并非处于大脑功能的顶点，而是处于"感性"的控制之下。

"情感"与"理性"的组合，形成了"利己性"大脑功能，这一功能力图实现处于细胞、内脏和器官之上的"个体"的最适化和利益最大化。在哺乳类动物的大脑中，除了以上利己功能，还拥有推动大脑最深处的"脑干"达到"理性"顶点的、"感性"的积极作用的神经回路，"感性"回路中最具代表性的就是"A-10神经"。这个回路超越了个体的最适化和利益最大化，形成了位于其之上的系统，即追求环境的最适化和利益最大化的"利他性"大脑功能。"利他性"是在"利己性"这一系统的合理性基础之上，形成的包含自然、社会和文化在内的占据上位的系统，其在环境系统中具有合理性地位，"利他性"是我们高等动物的大脑结构。从A-10神经中自身受体的缺失（可参照第5章"讨论"部分）以及宗教、道德、艺术等超越"利己性"的固有特征来看，人类强化了"利他性"大脑回路。

奖赏脑系统主导型社会与惩罚脑系统主导型社会的对比

在控制和组织社会的过程中,可以分为"奖赏脑系统主导文明"与"惩罚脑系统主导文明"两个方向。"奖赏脑系统主导文明"以原本指向为主导,依存于大脑"奖赏系统",通过"糖果"起诱导作用。"惩罚脑系统主导文明"以适应指向为主导,依存于大脑的"惩罚系统",通过"鞭子"起加强作用。接下来,我们想对以上两种文明进行探究(见图 4-9 ⑤和表 4-2)。

表 4-2 奖赏脑系统主导型社会与惩罚脑系统主导型社会的对比

		大脑奖赏系统主导 (奖赏脑系统主导型社会)	大脑惩罚系统主导 (惩罚脑系统主导型社会)
虚实性	奖赏	现实性、团体性,确确实实地在全体成员中高度平等地普及 例如:祭祀、仪式、表演	虚拟性、个体性,本身并未直接产生快感,通过运用有可能产生快感 例如:经济价值
	惩罚	虚拟性、个体性,虽有设定,但未实际发生 例如:天惩、断绝往来	现实性、团体性,持续困扰社会全体成员 例如:奴隶制社会的不安与恐怖
实例		狩猎采集型社会、种植水稻的原始人、巴厘岛的村落、日本的传统共同体	帝国、在旱地种植小麦的奴隶制社会、以美国为代表的市场原教旨主义竞争社会、警察国家

资料来源:摘自大桥力。

给予"糖果"的"奖赏系统"功能存在于依靠多巴胺及 β 内啡肽起作用的快感诱导性神经回路中,"奖赏系统"能够安全地发挥比吗啡等危险的伪装物质更强的奖赏作用,使生命体感到欢快与愉悦。而通过使用"鞭子"的"惩罚系统"功能通过刺激神经系统,使生命体感到不快和恐怖。那么,应该选择这两种神经系统的哪一种作为重点，来控制人类的社会行为呢？对于这个选择，在"原本指向"的稻作渔捞文明与"适应指向"的农耕畜牧文明这两个对立的文明模式中，形成了鲜明对比。

接下来，我们参照表4-2再深入探讨以上问题。我认为在采取"奖赏系统"主导战略来实现自组织化的社会，其社会系统有效地促进了社会成员大脑"奖赏系统"的活性化，其中的决定性因素就是"传统共同体的节日庆祝活动"。只要节日来临，谁都可以享受节日独特的欢快，这是大脑"奖赏系统"最活跃的状态。巴厘岛的庆典仪式就是个典型的例子，在庆典仪式上，人们身上欢快、喜悦和陶醉的情感表露无遗。在这一极具诱惑力的"糖果"的作用下，巴厘岛人通过仪式伙伴的方式，形成了具有和谐性和生命力的高度紧密的社会群体。

巴厘岛和苗族都属于原本指向性的稻作渔捞文明模式，这些"奖赏脑系统主导型社会"通过有效形成的祭祀与艺术活动，以社会整体的形式，将快感直接传递到组成社会群体的成员脑中的"奖赏系统"。

然而非常有趣的是，在适应指向性的"惩罚脑系统主导型社会"，社会给群体成员提供的促进"奖赏系统"活性的物质，并不会直接刺激"奖赏系统"，最终只形成虚拟的信息。以美国为代表的近现代社会，是在市场原教旨主义的基础上形成的，属于农耕畜牧文明。在近现代社会，并非将奖赏作为激活"奖赏系统"的感官刺激直接传递给大脑中的"奖赏系统"，而是将奖赏转换成经济价值信息，通过现金或者存入银行的方式传达给社会个人。存入银行的瞬间，大脑中的"奖赏系统"并未受到刺激，生理上也不会出现快感反应，一切都只停留在抽象的快感上。为了实现直接刺激大脑中"奖赏系统"这一最终目标，只能通过主动使用存入银行的经济价值，以期待可以产生快感。农耕畜牧文明社会与稻作渔捞文明社会根本性的差异就在于，农耕畜牧文明社会无法确保大脑"奖赏系统"的活性，即无法确保产生真正的快感。

在属于"奖赏脑系统主导型社会"的巴厘岛，有一个有趣的现象：如果传统村落的村长或首领没有能力创造出祭祀仪式，通过感性信息使村落的人进入狂热幸福的状态，其统领能力就会受到质疑。作为一村之首，能否通过祭祀仪式使全村落的民众感到"快乐""畅快""自由"和"幸福"，是无比重要的责任与能力。但是，在以美国为首的近现代社会，不管是政府、自治体还是公司，创造仪式的能力都不会被作为问责的依据。他们认为，给予金钱供每个人自由使用，这样就够了。从这里，我们可以看到隐藏在现代文明"自由与自我责任"认识体系中的病理。

另一方面，在原本指向性"奖赏脑系统主导型社会"中，对"惩罚系统"的刺激方式与对"奖赏系统"的刺激方式相反，通过设定缺乏现实性的假想状态来刺激"惩罚系统"。在巴厘岛等传统社会中，对于个人或全家的"报应"及"断绝往来"等惩罚规定与制裁方式不计其数。虽然设定了这些惩罚规定与制裁方式，但是实际上基本没有动用过，这些惩罚规定只画出了宽容的道德底线，告诉人们什么不可以做，但实际上只是一种未被动使用的、停留在假想上的规定。在日本的乡村,类似"做出这种事会被雷神挖走肚脐"的说法有很多,也有"断绝来往"的制裁方式。但是,这些规定只是作为"为约束社会行为而设定的惩罚规定",可以说,在日常生活中,这些惩罚规定无法通过直接刺激"惩罚系统"的方式得以实现。

然而,在"惩罚脑系统主导型社会",对于"惩罚系统"的刺激是现实中通过直接方式实现的。在奴隶制社会、竞争社会、市场原教旨主义社会和高度管理型社会,人们一天24小时都受不安、痛苦和恐怖的情感所支配,无法从对"惩罚系统"的刺激中解脱出来。在"鞭子"的不断作用下,"惩罚系统"不断被驱动。从表4-2可以看出,在"惩罚脑系统主导型社会"和"奖赏脑系统主导型社会"中,"奖赏系统"和"惩罚系统"的现实性与虚拟性相反,形成了鲜明的对比。我认为,在大脑功能方面产生的这种明显的对比十分有意思。

"惩罚脑系统主导型社会"和"奖赏脑系统主导型社会",为了形成符合自身规范的社会结构,下了很多工夫,这一点我们可以从很多方面看出。其中,对于职业的设定就是一个明显的例子,原本指向的"奖赏脑系统主导型社会"的生活状态,基本和狩猎采集型社会相近,所有人都为了食物和生存而劳作,即在最原始的设定中,他们就是"在职",而"在职"的目的就是为了生存,没有失业的概念。因此,"奖赏脑系统主导型社会"的人们生存压力相对较小,大脑中的"报酬系统"更容易被激发。相反,在"惩罚脑系统主导型社会",最初的设定就是无业,如果不通过与他人的考试竞争和业绩竞争来获取在学历、资格和地位上的优势，就无法生存，而且已经获得的资格和地位还有可能被夺取。由于人类的生存基础条件非常不稳定，因此形成了对"惩罚系统"的慢性刺激，人们被迫进入强迫性的行为控制系统中。

为实现社会的自组织化，选择大脑中的"惩罚系统"还是"奖赏系统"作为主导系统？我们需要关注到，在这个选择上所形成的对比，与我们迄今为止的研究模型互相吻合，这些研究模型包括，安田先生提出的"稻作渔捞文明"和"农耕畜牧文明"，以及我们团队提出的通过"原本"和"适应"两个相对的概念来对文明进行比较。"奖赏脑系统主导型社会"的典型，就是生存在非洲森林深处的狩猎采集民族。此外，我们还要关注像巴厘岛和苗族这样的社会，这两种社会由"奖赏脑系统主导型社会"进化而来。他们建造梯田，种植水稻，拥有完整的庆祝仪式，并拥有能够运用将庆祝仪式和表演活动高度融合的机制来控制群体的生存战略，在不断发展中，甚至逐渐拥有了对抗近现代文明的免疫力。

"报酬脑主导型社会"的典型，有古代开垦旱地种植麦类作物的民族、奴隶制社会，以及现代在市场原教旨主义影响下形成的竞争社会。

综观相关书籍，对"奖赏脑系统主导型社会"和"报酬脑主导型社会"进行对比。与"报酬脑主导型社会"相关的书籍有科林·坦布尔的《森林与原住民——与刚果俾格米人的三年》，这本书是对狩猎采集民族的称赞。另外，还有一本值得我们关注的社会人类学领域的著作《尼加拉——19世纪巴厘岛的剧场国家》，该书是克利福德·格尔茨以巴厘岛的王权研究为主题写成的。与"惩罚脑主导型社会"相关的书籍，从托马斯·霍布斯（Thomas Hobbes）的《利维坦》，到马克思的《资本论》，形成了系统化的古典概念，仿佛是人类的普遍性原则一般，深深地印刻在我们的脑海中。

奖赏脑系统高度活跃状态下巴厘岛居民的祭祀活动

如上所述，在原本指向性"奖赏脑系统主导型社会"中，共同体给予人们的快感能力，即奖赏脑的活性化是很重要的衡量指标。在此，我们以"奖赏脑系统主导型社会"巴厘岛的祭祀活动为研究对象，实际检测在祭祀活动中奖赏脑的活性化及其呈现状态。

图4-1照片拍摄的是巴厘岛的祭祀礼仪剧《卡隆纳兰》的高潮部分，很多人由于极度的快感而陷入精神异常状态，昏迷不醒。我们打算以此为研究对象，检测大脑"奖赏系统"的活性化和心情愉悦的状态。据说，我们以巴厘岛为研究对象的这类实验，各国的研究团队从20世纪70年代就已经开始尝试，但是在我们之前还没有成功的研究成果。在这种情况下，与我同出一门的河合德枝博士所带领的团队通过独特的研究方式，取得了此项研究在世界范围内的成功。关键在于，河合博士是通过作为一名

向巴厘岛村民学习传统礼仪舞蹈的日本人，在极尽礼数之后得以与村民拉近距离的方式开展研究，而不是直接作为一名研究者。在近10年的相处中，河合博士的人品得到了村民的高度信任，只要是河合先生的事，村民都会尽力配合，由此取得了实验的许可并最终获得成功。

因袭击魔女而昏厥的表演者

精神异常状态下袭击魔女的表演者

图片摄影：大桥力。

照片4-1　巴厘岛的祭祀仪式剧《卡隆纳兰》表演时的恍惚状态

以前的实验都没有取得成功的关键原因之一在于，根据巴厘岛居民所信仰的巴厘印度教的教义，在他们的头上安装测量电极基本上是不可能实现的事情。他们认为，巴厘岛印度教的神灵，会化成其他寄居物降临，而人体中神灵的替代物在头部，自然头部就是神圣不可侵犯的部位。也正是因此，去巴厘岛旅游的游客会被严格提醒不能抚摸小孩的头。在神圣的头部安装电极，在一般情况下也是难以想象的，经过10年培养起来的信赖下，巴厘岛居民首次为我们打破了这个禁忌。我们立即将这段时间开发出来的可通过无线波传递数据的脑部电极系统实验装置供奉于神坛之上，祈求神灵之后，将电极安装在巴厘岛居民的头部。这个实验经过反复测试之后终于取得了成功。

图4-12显示的就是当时检测出的脑电波数据。通过实验，我们检测了"奖赏系统"极致活跃而陷入意识恍惚状态的岛民的脑电波数据，与未达到以上状态只是完成仪式的岛民的脑电波数据，两者形成鲜明对比。

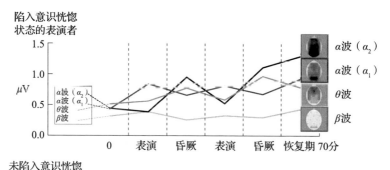

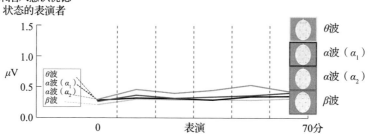

资料来源：Oohashi T., Kawai N. et al, Clinical Neur0physiology, 113, 2002年。

图4-12　巴厘岛祭祀仪式剧表演者的脑电波波段的时间变化

资料来源：Oohashi T., Kawai N. et al, Clinical Neur0physiology, 113, 2002年。

图4-12下方是未陷入意识恍惚状态的岛民的脑电波，数据

显示正常。与此相反，陷入意识恍惚状态的正常人脑中同时出现了三种不可能同时出现的脑电波：只有身心愉悦时才会产生的 $α$ 波（快感与冥想状态的衡量指标）、处于浅睡状态时产生的 $θ$ 波和紧张兴奋时会产生的 $β$ 波。令人震惊的是，这三种脑电波不仅同时出现了，而且还呈现增强趋势。但是，只是完成祭祀表演的岛民脑中并未出现以上情况，以上实验数据形成了鲜明的对比。在这些脑电波中，$α_2$ 脑电波数据是反映大脑中"奖赏系统"活性的指标，以上实验显示出的结果是，$α_2$ 波明显增强，这个结果为祭祀仪式可使"奖赏系统"高度活跃的观点提供了强有力的依据。

一旦大脑"奖赏脑系统"达到高度活跃状态，多巴胺以及 $β$ 内啡肽等诱发快感性的神经传达物质，即脑内麻药就会在大脑中大量分泌，其中一部分可能会流入血液。于是，巴厘岛居民又配合我们采集了参加祭祀活动的岛民的血液样本，因此我们得以研究祭祀前后这些脑内麻药在血液的浓度差异。由此，我们得到了以下结论：参与祭祀活动后，陷入意识恍惚状态的岛民，其"奖赏脑系统"活跃程度的决定性指标——多巴胺及 $β$ 内啡肽的分泌量在祭祀表演前后增加了数倍（见图 4-13）。这些研究数据表明，当时这些岛民肯定处于极度幸福的状态，这也是世界范围内首次取得的成果。$β$ 内啡肽等物质的分泌量超过一定程度，会导致全身僵硬而昏厥倒地，这种状态在巴厘岛的祭祀仪式中并不少见。通过检测血液样本得出的数据，证明了这些处于精神异常状态的岛民大脑中产生了极度的快感这一事实。

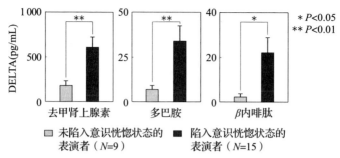

在祭祀庆典前后，去甲肾上腺素、多巴胺和β内啡肽的血浆浓度的变化值，陷入意识恍惚状态的表演者的变化值明显较大，在统计上具有一定意义。

图 4-13　巴厘岛祭祀仪式剧表演者神经活性物质的血浆浓度增加

资料来源：参照绘制于 Kawai N, et al., NeuroReport, 12, 2001。

以上实验数据表明，巴厘岛社会利用能使岛民心情愉悦的大脑的作用，通过高度战略化的文化艺术性社会技术，使整个村落形成紧密的有机体，实现舒适的生活。

在生命科学领域实证的数据支持下，我们将亚洲的稻作文明与西欧近现代文明放入由"奖赏系统"和"惩罚系统"组成的行为控制机制的框架中进行对比思考（见图 4-14）。以巴厘岛为代表的亚洲稻作文明社会，其社会基准线被设定为，即使不进行耕作也能维持生存的、在"奖赏系统"主导下的森林狩猎采集民族这样幸福的社会，以及必须通过努力生产粮食维持生存的产业社会。在此设定范围中，只要进行适当的人类活动，就能进入受遗传基因和大脑制约的原本极端幸福的世界。有时候可能受"糖果"诱惑，会陷入"适应模式"的风险和副作用中。

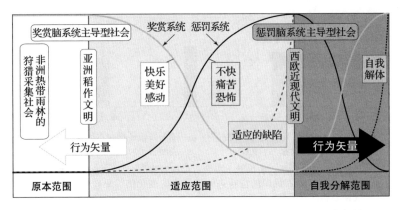

图 4-14　奖赏脑系统主导型社会与惩罚脑系统主导型社会的行为控制机制

资料来源：摘自大桥力。

另一方面，包含日本在内的西欧近现代文明社会，稍有差池便会陷入"自我解体"的境地，这类文明的基准线被设定在"自我解体"的悬崖边上。西欧近现代文明社会是以奴隶式心理结构的精神状态为动力来操控行为方式，为了尽可能摆脱"自我解体"的威胁而拼命努力。我们可以将西欧近现代文明社会解释为存在幻想的世界，在这里，人们幻想只要努力就能成为比尔·盖茨，幻想通过一个人的力量也能向"原本幸福的世界"靠近。

信息环境的"原本指向"

通过将安田老师的模型与我们的模型结合，可以形成原本指向型生活方式与适应指向型生活方式的对比，以及稻作渔捞与农耕畜牧两种文明模式的对比等多种对比方式。虽然可以有不计其数的对比组合，但是在此我想从信息环境学的角度出发，尽可能全面地概括各类文明的实质性含义（见图4-9⑥）。

有趣的是，稻作渔捞文明社会似乎是通过周边的自然环境、共同体的氛围、祭祀仪式与表演的欢愉程度、共同体固有的心理及生存方式等，试图从"信息环境"的角度，靠近遵循人类原本遗传基因和大脑设定的森林原住民的生存方式。与此相对，农耕畜牧文明及其终极模式——近现代科学技术文明，是通过极大地发挥主观能动性，利用便利店和空调，从"物质和能源环境"的角度，靠近森林原住民的生存方式。从靠近森林原住民的方式来看，以上两种文明是通过"心理"与"物质"这两个截然不同的方式来实现的。值得注意的是，在农耕文明模式中，出现了显著的倾向于"物质"的现象，而几乎没有"信息"抑或"心理"的元素。然而，稻作渔捞文明不管是被动还是主动的选择，它脱离了狩猎采集型生存方式，向第一次工业革命发展。但是，建造梯田的村落很明显属于信息环境领域的原本指向型文明。我们无法否认，最终的落脚点都是回归初心、回归自然。通过以上方式，逐渐建立使两个文明对立的角度，十分有研究意义。

从"原本指向"的角度出发，能为很多人们关注的问题提供解答。比如，一直引起热议的"日本绳文时代⊖应该已经存在

⊖ 日本石器时代后期，公元前12 000～前300年，日本由旧石器时代进入新石器时代。——译者注

稻作栽培技术，但为何没有得以发展"这一问题。若将"绳文文明"看作在稻作渔捞文明（起源于长江流域）出现之前就已经存在的另一种生存模式，那么从绳文文明比较显著的原本指向发展轨道来看，它避免不必要的适应性行为，根本目的是尽可能回归原本的狩猎采集生活模式。因此，只要森林中有足够的美味果实等适合生存的食材，再通过开发食物储存方式，储备足够一年的食材，就没有必要进行适应性较强的种植栽培作业，这应该是很自然的选择。可以说，日本绳文时代的人选择的是"收集储备型渔捞"生存方式，这种生存方式的适应性程度略高于狩猎采集型生存方式，但是低于稻作渔捞型生存方式。我们可以通过更显著的、出现在信息环境中的"原本指向"这个关键词来理解以上结构。现代人普遍认为，绳文时代应该发展稻作栽培技术，这一想法是基于"从原始向文明发展"的前提，我们必须关注到，这一想法是盲目的，是受农耕畜牧文明的"适应指向"的影响而产生的。

通过将以上两种文明进行对比我们必须认识到，农耕畜牧文明导致了如今我们不得不正视地球有限性的问题，农耕畜牧文明所引发的各种矛盾，可以通过稻作渔捞文明来解决。

以上是我较为主观的论述。生命文明科学研究萌芽于以生命科学为核心的自然科学的土壤中，如果人们能从生命文明科学研究中发现侵蚀地球的文明的病理之所在，能重新审视形成文明病理的根源的价值观缺陷，那么即使我们的研究只是凤毛麟角，我也深感荣幸。希望通过以上研究，人们可以在强大的自然科学的支撑下,将自然与自身的生命联结,通过知识与认知,开创值得信赖、未来可期的新文明。

  接下来,我们将以先进的生命科学为武器,形成有效的研究模型,通过验证的方式逐一攻破现代文明的病理结构。

讨论｜围绕第 4 章

（按照发言顺序排列）

参与者：安田喜宪、大桥力、稻盛和夫、松井孝典

安田

大桥老师发表在《神经生理学杂志》（*Journal of Neurophysiology*）上论文的阅览数在过去 8 年一直名列前茅。

大桥

谢谢。我们在 2000 年 6 月发表的论文《超高频率音的影响：听不见的超高频率音对于大脑活性化的作用》（*Inaudible high-frequency sounds affect brain activity Hypersonic effect*），2003 年 12 月～2008 年 7 月，阅读率连续 55 个月排名前五，其中有 24 个月排名第一。

"祖母"的出现与走出非洲和农耕生活紧密相关

稻盛

我想问大桥先生一个问题，如果非洲是人类的诞生发源地，而俾格米人最初是生存在热带雨林，之后跋山涉水来到十分贫瘠的沙漠及其他不毛之地，最终不得已才走上农耕畜牧文明的道路，我可以这么理解吗？

大桥

是的，我是这么理解的。因此，我觉得进行农耕畜牧文明生存方式的祖先很辛苦。

安田

我的想法与大桥老师不同。我认为最初地球是被森林所覆盖的，从一开始，森林中就有人类居住。但是，过着农耕畜牧生活的部落民族为了生存，饲养山羊，破坏了原始森林。人类通过人为的方式破坏大自然，使森林变成了沙漠。

松井

我觉得安田老师的想法有点说不通。在大约 12 万年前，地球温度适宜，环境十分适合生存。晚期智人 15 万～16 万年前诞生于非洲，到 5 万～6 万年前已经繁衍至世界各地。当时，并未过着农耕畜牧的生活，而是过着狩猎采集的生活。正如稻盛先生所言，最初生存于非洲的人类，开始逐渐散居于世界各地，当时的地球也并非完全被森林所覆盖。

森林与现在我们谈论的话题无关。因此，我认为没有必要所有的话题都围绕森林的存在与否。深入探讨的话，人类的历史可以追溯到 700 万年前，当时几乎所有人类都生活在非洲大地。进化到尼安德特人时期，人类开始向北迁移，但是这个过程与我们展开谈论的话题无关。进入农耕畜牧型生存方式，即与现代文明相关的时期应该是在 1 万年前。

稻盛

正如松井先生所言，像俾格米人那样，长期生存在犹如乐园般的热带雨林中的人类祖先，可以说是十分幸福的。像我们这样过着稻作渔捞生活的民族也是幸福的。不幸的是，那些走出热带雨林，来到十分贫瘠地方的人类，他们不得不通过自身的力量生存下去，他们幻想着乌托邦，无论如何都要通过自身的力量征服自然，努力得以生存下去。也正因为如此，反而实现了极大的进步，诞生了十分了不起的科学技术。虽然农耕畜牧文明取得了了不起的成就，但是文明已经走到了尽头，想要再回到稻作渔捞文明应该是非常困难的吧？

松井

我认为，这是由于尼安德特人拥有一种生物学特质，从 1 万年前气候系统的变化与当时人类的生存状况判断，我认为是当时的人类别无选择。总之，从实际的人类历史角度出发，人类一直生活在非洲或许也不错，但是为何晚期智人在距今 5 万～6 万年前，即诞生 10 万年之后要走出非洲，去到世界各地呢？我们有必要对这个问题进行思考。我们所能想到的根本原因，是人口增加问题。对于狩猎采集型生存方式来说，定居某处生存的人口数量是有限的,一旦人口数量超过这个界限,就必须扩大生存区域,因此就必须"走出非洲"。也就是在迁移的过程中,人类逐渐掌握了现在的生存方式和能力,这就是晚期智人与其他时期的人类最大的差异之所在。

我认为,原因在于"祖母"的出现。从生物学角度出发,我们需要考虑,尼安德特人时期还未有生物学意义上的"祖母",为何"祖母"只出现在晚期智人群体中?生物学意义上的"祖母"指的是,过了生育期依然维持生存状态的雌性群体。以上定义与有无孙子无关,"祖母"群体只出现在晚期智人中,结果造成了人口增加以及从非洲迁移的局面。总而言之,人口增加后无法在同一个地方维持生存,因此扩散到了世界各地。迄今为止,还未出现过大型动物在诞生不足10万年之后,就开始扩散到世界各地的案例。我认为,以上迁移与因气候变化引起的全球气候变暖后农耕生活方式的出现息息相关。

农耕畜牧文明是不是人类灭亡的一个过程

稻盛

大桥先生提到了俾格米人的16音节的音乐,现在西洋文明中所存在的音乐形式,是从最初的4节拍开始的,如今终于演变成俾格米人的16音节。那是人类原本就有的东西,只是在残酷的环境中，为了维持生存而丢失了，但是那些东西具有原本性，是像故乡一样的存在。因此，最终回归到了原有的模样，是否可以这样理解？

大桥

正如您所言，音乐人类学能够为研究文明问题提供较好的材料支持。使人身心愉悦的感性信息可以分为三个层级。第一层级，也是最基础的层级，作为人类的普遍性原则而先天设置在大脑的"只读存储器"中的人类最原本的信息。从音乐方面来说，就是包含"16节拍"的节奏和波动的超高频率在内的声音。与物种和文化无关，与学习能力和经验也无关。初次听闻，谁都会感到快乐，脑生理学上"音乐是全世界通用的语言"这一说法正是来源于此。从视觉上来讲，从鬼怪脸上看到"恐吓"的表情，会普遍、先天性地刺激我们的脑回路。我们可以通过一个代表性的例子来说明。除了人类之外的动物，比如猴子，在看到"恐吓"的表情之后也会有相同的反应，这是种普遍性选择。以上与学习、经验和文化无关，与遗传基因相关的先天被设置的快感，构成了感性信息的基础层级。第二层级，是孩童时代铭记于心难以忘怀的印记。例如，像"纳豆的味道"，是社会群体所固有的文化，是难以消除的记忆。第三层级，是类似于"随机存取"那样，暂时设置在大脑中的层级，比如领带的宽度、裙子的长度等，只是一时流行的极易变化的东西。

在俾格米人群体中广泛流传的民谣和舞蹈的感性信息，是由最基础的"人类与生俱来所拥有的第一层级"要素所构成的。因此，我认为俾格米人成功的表现形式适用于所有民族。其中的一个例子就是"16 节拍"，日本能乐中的大乘㊀实际上就属于"16 节拍"的音乐。再如，能乐的一节歌谣"so no to ki yo si tu ne su ko si mosa wa ga zu"，无论音节还是歌词，都是以 16 节拍区分的。特别在日本东北地区，还有许多以 16 音节区分的音乐表现形式。巴厘岛的艺术表现形式克恰克㊁与佳美兰㊂也属于"16 节拍"音乐。从整个广泛的文化圈来看，并没有以此作为文化进行传播的痕迹，但是这一音乐形式随处可见。

到了西欧近现代艺术时期，却不见这种艺术表达形式。在西欧的艺术中，演奏者与听众是分开的，专业音乐家以个人为中心来控制音乐的表现形式，产生了许多从未出现过的表现形式，渐渐偏离了原本设置在人类遗传基因与大脑中的音乐形式。俾格米人所创造的复杂的音乐演奏形式，不区分演奏者与听众，是一种通过在场所有人的配合、交流与互动形成的表现形式。因此，"16 节拍"音乐形式需要良好的人际关系做支撑，也需要"大鼓"这样的工具做支撑，没有以上两个条件，单靠个人的力量是无法实现的。从这一点上来看，我认为生存于农耕畜

㊀ 谣曲的节奏方法之一，具有浓郁的舞蹈氛围，节奏感强。——译者注
㊁ 巴厘岛居民民俗娱乐活动，伴随单纯形体动作发声。——译者注
㊂ 印度尼西亚最具有代表性的音乐形式，一种器乐合奏的民族音乐。——译者注

牧文明圈的人类相互争斗的残酷历史，磨灭了俾格米人所创造出来的感情信息。

从考古学的角度来研究音乐还是很难的，因为人类发展的历史并未留下音乐化石。我认为，通过比较音乐学的方式，从现存的音乐材料出发进行横向研究是十分有意义的研究课题。

那么，回到刚才我们说的人类从非洲迁移、散居世界各地的话题。人类在格鲁吉亚发现了距今180万年的非洲直立猿人的化石。

松井

直立人指的是爪哇猿人和北京猿人等阶段的人类，从人类诞生到迁居到欧亚大陆东部，大致经历了几百万年的时间。

大桥

人类几度走出非洲，散居于世界各地，而后走向灭亡。事实上，人类就是不断地重复这个过程的。

松井

直立人也好，其他人类也好，具体情况目前尚不完全清楚。

大桥

直立人走出非洲到现在过着农耕畜牧的生活（适应性生存

做出的选择），就是人类扩散到世界各地而后灭亡这一过程的典型案例。如果地球是无限大的系统，那么农耕畜牧文明还能得以长存，但正因为地球是有限的，最初就确定了总会走到尽头，这种文明可以说只能努力走到能够到达的地方。对于推进这一文明发展的人，我与稻盛先生的想法一致，我也认为他们是可悲的人。

与此相反，种植水稻的人，在其耕作田地的过程中，必然朝着"原本"的方向发展。例如，水的分流一般会产生上流与下流的对立，我认为受"利己性"大脑功能支配，只顾着往自家稻田里引水，一味地争夺水源的社会更容易遭到淘汰。相反，善于协调部分（个人）与整体（组织群体）的利益，使双方利益最大化（利他性大脑功能占据优势）的社会群体更容易在竞争中取得胜利，占据优势地位。特别是建造梯田的地区，只有这种共生型社会才能得以存续。稻作文明在受水源和水田制约的有限社会中，努力维持在原本轨道上，从而获得了成功。如果稻作渔捞文明与农耕畜牧文明之间相互竞争，那么稻作文明失败的概率很大，但是只要不遭遇这种霸权文明的恶性竞争，稻作渔捞文明也能够持续发展。农耕畜牧文明必须通过侵略其他文明，不断使这些文明隶属于自身文明，才能得以存续。正如安田老师所提到的那样，我认为将农耕畜牧文明型生存方式与稻作渔捞文明型生存方式进行对比，从而思考今后我们要采取何种应对措施，这是十分有建设性的事情。

农耕畜牧文明与稻作渔捞文明之间不同的崩塌方式

安田

正如稻盛先生所言,人类原本的生存方式是俾格米式的。我的想法或许比较新颖,我认为在到达某个阶段的时候,人类的生存方式分化成了稻作渔捞文明与农耕畜牧文明两种方式。具体而言就是,在大约15 000年前,随着地球气候变暖,人类开始农业生产,同时出现了两种不同的生存方式:一种是以种植水稻和捕鱼为主的稻作渔捞型生存方式;另一种是以面包为主食,同时饲养绵羊与山羊的农耕畜牧型生存方式。我认为,正是以上两种不同的生存方式孕育了不同的文明。松井老师您的观点与此相反,您认为是在走出非洲的阶段,人类的生存方式就已经出现了分化,是吧?

松井

我认为,对于稻作渔捞与农耕畜牧两种生存方式的选择构成了人类圈,而这个选择也对人类的"内心意识"和生存方式产生了巨大影响。

稻盛

按照大桥先生所言,在古代文明中(不论是埃及文明还是其他文明),走向灭亡的都是过着农耕畜牧生活的人们所创造的文明。俾格米人没有创造出文明,至今还维持着安稳的生活。这是否意味着,要回归到狩猎采集型生存方式,或者要回归到稻作渔捞文明型生存方式。狩猎采集最终演变成农耕畜牧和稻作渔捞两种生存方式,对于这两种生存方式,我们必须要做出相应的分析,并最终得出答案。

松井

正如您所言,对了以上问题我们难以做出判断。对我个人而言,我认为人类不可能再回归到狩猎采集型生存方式,让60多亿人像俾格米人那样生存几乎是不可能的。

稻盛

当然不可能回归狩猎采集的生存方式,不论是历史结果还是考古学,都向我们验证了农耕畜牧文明终将走向崩塌的事实。那么,怎样才能避免农耕畜牧文明走向崩塌?我们必须要探明如何通过理解和运用俾格米人抑或农耕畜牧文明型生存方式,才能使人类得以生存这个问题。

安田

农耕畜牧文明一味地破坏自然环境,一旦出现气候变化,文明就会戏剧性地崩塌，这就是所谓的农耕畜牧文明。稻作渔捞文明虽然也会崩塌，但是崩塌方式与农耕畜牧文明不同。例如，距今 4200 年前的长江文明也会崩塌，但是它的崩塌是因为受到了来自北方农耕畜牧民族的侵略，并非自我崩塌，而农耕畜牧民族是自我毁灭的。虽然文明崩塌了，但稻作渔捞民族给我们留下的是丰饶的大地，这与农耕畜牧文明不同。

人口问题、气候变暖和语言的发展孕育了农耕畜牧文明

松井

那么我稍微整理下刚才我们讨论的内容。总而言之，就是环境史、人类史和人类的生存方式问题。关于地球环境，以 100 万年为周期来看，每 11 万~12 万年地球会重复寒暖更迭的过程。现代人类诞生于大约 15 万年前，即智人。除此之外，还有许多其他人类在此之前就已经诞生于地球之上，包括尼安德特人。这些人类的共同特点是，都是过狩猎采集生活。人类诞生之后，一直都过着狩猎采集生活。在距今 1 万年前，这一生存方式发生了变化，晚期智人开始了农耕畜牧生活。

我们按照数值顺序来进行探讨。大约 1 万年前,人类开始了农耕畜牧生活。那么,从环境的角度来说,以 10 万年为周期进行寒暖更迭,现在正处于温暖时期,这就是"米兰科维奇循环"⊖(Milankovich cycles)。我们目前正处于地球温暖期中的间冰期,按照这个时间周期,气候还会发生细微的变化。如果是在 12 万年前,可能温暖期温度比现在更高。

在这种气候变化中,约 15 万年前晚期智人诞生,到 5 万~6 万年前散居到世界各地。这就是上文所提到的,原本生存于非洲的人类扩散到世界各地,分居各处。至于这些人类是如何扩散的,至今还未有定论。但可以确定的是,5 万~6 万年前就已分散到世界各地。迄今为止,也只有晚期智人能如此迅速地完成了扩散。例如,在约 100 万年前诞生的直立人,通常分为爪哇猿人和北京猿人两种,被发现于欧亚大陆东部地区。但是,至于为何直立人离开非洲,又是如何到达欧亚大陆的这类问题,我们全然无解。因此,直立人是否真的扩散到世界各地我们也尚不明确。而晚期智人是确实从非洲迁移到世界各地的。

刚才安田老师提到了 15 000 年前的环境变化以及人类生活方式的话题。对此,我有一个问题。人类从诞生开始,就一直维持狩猎采集型生存方式,然后从 15 000 年前开始了农耕

⊖ 一个地球气候变动的集合影响。以 10 万年为主要周期,与三种地球绕日运行轨道的变化相关,也造成了地球的冰期与间冰期。——译者注

畜牧型生存方式，这是为什么呢？我认为，人类开始农耕畜牧型生存方式的原因有两点。第一点是，气候变暖，整体环境比较稳定，加之晚期智人与生俱来的特质，这一特质是晚期智人所拥有的生物学特征。比如，前面提到的"祖母"的存在，我们提到的人口增加问题就与这一现象相关。雌性哺乳动物一旦过了生育期，数年之后就会死去，但是晚期智人并非如此。这一特质在尼安德特人身上是没有的，在此不做过多赘述。总之，人口因此不断增加。

第二点是，晚期智人拥有能够清晰地进行语言表达的能力。晚期智人的大脑皮层神经细胞形成了神经回路，因此我们能够将外界的事物投射到大脑中，并在大脑内部建立模型。尼安德特人还不具备这个能力，无法清晰地进行表达。从脑容量来说，尼安德特人和晚期智人也许并没有太大差别，但是从神经回路来看是完全不同的。我认为，人类圈诞生是由于有上述神经回路的特质，再加上在人口增加的压力下，周边环境发生变化，人类开始了农耕畜牧生活。在人类学上，很多人认为"祖母"的出现是人类圈形成的原因。

虽然拥有使用语言的能力，但是大脑中的神经回路是否因此开始进化这一问题尚不明确。在这个时空规模中的环境下和人类进化的背景下，晚期智人为何开始了"文明的生活方式"？如果我们不先对这一问题进行研究，我们的讨论就无法形成明确的结果。一旦脱离上述时间与空间的规模，研究就无法成立。环境与遗传基因之间究竟有何关联目前还不得而知，但两者之间的关系在生物学上是个很大的研究课题。

安田

在此之前的埃姆间冰期持续了 3 万年,比现在间冰期长,而且埃姆间冰期的气候极其不稳定。然而,现在间冰期的气候非常稳定,我认为这也是人类文明诞生的另一个因素。

松井

气温变暖,但是不稳定的话也会出现问题。如果没有季节的更替,也无法从事农耕作业。

安田

那时候的气候与现在的气候完全不同。但是,松井先生方才所讲的语言的发达能力以及"祖母"的出现,都是促使 15 000 年前人类开始农耕生活的原因。那么,究竟"祖母"是何时开始出现的呢?

松井

从化石上的研究来看,"祖母"只存在在晚期智人的化石中。我们如何看待"祖母"的出现是个极其关键的问题。人类最早诞生于非洲,在长达 700 万年的人类历史长河中,遗传基因都是相互关联的,因此我们需要研究的不仅是俾格米人,还有长达 700 万年持续生存在热带草原环境下的人类历史。

安田

我认为,最初人类身上普遍拥有俾格米人的特质,而后分化成了稻作与农耕文明两条道路。

何为"后农耕畜牧文明"

稻盛

众所周知,过农耕畜牧文明生活的人类在"人类占据绝对优势的情况下,进行着不可逆转的环境侵略"。问题在于,他们认为要将自然环境利用到底。农耕畜牧文明并非不好的文明,问题在于他们有上述这种想法。

安田

为何过农耕畜牧文明生活的人类会产生这样的想法?原因在于,他们会饲养绵羊和山羊,而绵羊和山羊在人类休息的时间也需要吃草,从而掠夺了大量资源。过稻作渔捞文明生活的人类,是从鱼类身上获取蛋白质,但是过耕作畜牧文明生活的人类需要从饲养的山羊和绵羊身上获取蛋白质,同时使用羊奶来制作奶油和奶酪。为了保证人类能够有充足的蛋白质，山羊和绵羊需要不断吃草，瞬间就能吃掉一大片草原。这是人类掠夺自然资源这一文明方式产生的源头，这等同于默许了人类对于自然资源的掠取。由此，产生了掠夺自然资源的世界观。

松井

那么为何开始耕作呢？这是因为，最初的环境只适合种植麦类作物，没有适合种植水稻的湿润气候。因此，进入干燥环境的人类想要种植水稻也不现实。

另外，还种植玉米等适合地区气候的作物，这就是农耕生活。当然，在这之中，对于生活方式的选择是不同的，选择农耕生活方式的人类与选择稻作生活方式的人类不同，我们无法得知选择农耕生活的人类是否从最初开始就有掠夺自然的想法。其结果是一样的，都是在各自环境下栽培适合这个环境的农作物。

但是，稻作渔捞文明与农耕畜牧文明能够养活的人口数量，即环境的承载力是不同的，因而也造成了之后两种不同的命运。正如加利福尼亚大学的学者贾雷德·戴蒙德等人在《文明的崩塌》一书中所说的那样，最初土壤中蕴含包括金属元素等营养物质，火山地带与非火山地带是完全不同的，一旦将这些金属元素掠夺殆尽，土地将无法恢复原貌。

安田

农耕畜牧型生存方式就是对自然进行掠夺。

松井

两种文明对于构建人类圈的意义是一样的，差别在于人类圈内部是否有不同的驱动力。结果表明，农耕畜牧文明即使在人类圈内部还不具有驱动力的阶段，也会在短时间内走向崩塌。

安田

问题在于，我们现在的文明就是农耕畜牧文明的延续。

松井

这是因为现代文明正是诞生于农耕畜牧文明。比起现代文明，我觉得用"拥有驱动力的人类圈"更能准确形容这一文明形式。现代文明诞生于农耕畜牧文明，是这一文明的延伸。

安田

那么稻作渔捞文明没有驱动力吗？

松井

基本上没有。但是，重新回到稻作渔捞文明是不太现实的。发生过工业革命的地区都属于农耕畜牧文明。以日本江户时代为例，日本的文明直到明治时期都是不存在驱动力的，人类生存完全依靠自然的驱动力，人类圈内部并没有驱动力。即使人类圈中没有驱动力，只要土地等自然环境的承载力足够大，就能在较长时期内养活一定的人口。但是，农耕畜牧文明不同，必须从其他地方运来大量的物质才能维系生存，因此演变成了拥有驱动力的文明。我认为，这是现代文明悲剧的根源之所在。

稻盛

我认为下这样的结论未免有点操之过急了。

松井

但是发展至今，人类已经无法回归稻作渔捞的生活方式了。

安田

这是您的个人看法，我觉得人类可以回归到稻作渔捞的生活方式。

拒绝自我解体的现代文明的崩塌

稻盛

大桥先生的这个观点是具有一定冲击性的。

安田

大桥先生曾经提出，内心意识也是会自我解体的，可能稻盛先生第一次听到，所以会觉得惊讶。"不要有感性的烦恼"这句话在经营哲学上是十分重要的，怀有感性的烦恼，会导致"内心意识"的自我解体，甚至是自杀这样的结局。因此，在听了大桥先生所讲的内心意识的自我分解之后，更能理解稻盛先生所提出的"不要有感性的烦恼"这句话，从科学角度来说，这句话是十分正确的。

大桥

是的。

稻盛

大桥先生所提到的生物的自我解体，是将死亡自我程序化。正是因为生物有自我解体的功能才能更好地存活。从中我也明白了，我们人类可能也将死亡刻录在了遗传基因之中。

松井

从我个人而言，我也觉得因为有死亡，所以才能安心地活着。从现在高龄化的问题考虑，我们就能知道，如果人类不会死，那将是很严重的事情。

稻盛

文明也是如此，只有将死亡纳入自我发展历程中，才能实现存续。

大桥

正如您所言。

安田

文明也是会崩塌的，文明只有崩塌后才能重生。但是，只有现代文明自身带入了永生的思想。如果大家都意识到文明必将灭亡，那么我们就能够创造全新的文明，认为文明将永不毁灭的想法是不正确的。我曾经预言，现代文明将在2050年走向灭亡。因此，现在我们必须为新文明的诞生做准备。人类即将迈进松井先生所描述的全新的世界，我们必须放弃现有文明永不毁灭的想法。

大桥

大约在20世纪80年代后期，巴厘岛一个古老村庄的土位继承人曾说过："对于巴厘岛来说，今后最大的问题就是西方近代医学的发展。"过去，巴厘岛的人口是以平缓的速度在增长，岛民也都认为这种增长速度是比较合适的。但是，随着西方近代医疗技术的普及，人们的价值观逐渐发生了变化，对于人口增长也将失去控制，这对于巴厘岛维持现有良好发展状态将产生不良影响。

现在，也存在像巴厘岛这样，人口无较大变化，而且社会成员都认同目前状态的社会。从整个地球来看，人口整体是朝着不断增加的方向发展的。但是我们必须注意到，也存在不受大趋势所影响，按照自身的发展节奏来生存的社会群体。在这些社会群体中，肯定存在某个很重要的因素。

另外，我们确实很难利用政治影响力和道德影响力等自上而下的力量，去阻止或者改变高速发展的社会趋势。但是，我们必须要考虑果真我们就没有办法了吗？我曾经短暂从事过商业音乐相关的研究工作，正如"音乐随社会而变，社会反映在音乐中"所说的那样，我感受到了亚文化（非社会主流文化，以年轻人或者社会中一部分人为主体的独特文化）对社会产生的巨大影响力（摇滚乐对美国公民权利运动和从越南撤军事件都产生了影响）。这种影响不仅发生在现代社会，在人类历史上也发生过多次。这股力量会触发大脑中的"奖赏系统"，一旦认为这样做比较好就开始行动。历史上因为大脑中的"奖赏系统"曾发生过大事件，因此我们不能忽视这股力量。

对于用语言和理论无法解决的问题，即使是西方十分有名的专家，与在东方成熟文化圈中成熟起来的人们相比，也会显得无力，这便是西方文明的特征。对于与直观和经验知识等相关的"内心意识"和"行为"领域的问题，我们可以借助以亚洲式思维为基础的脑科学等新生命科学的力量，进行全新的探究。如果研究得以顺利进行，或许我们可以证明农耕畜牧文明是一种"重视力量与斗争"的文明，缺乏成熟性与推敲性，是一种落后于时代的生存方式。

从对亚文化抱有某种期待的角度来看，当世界走到尽头即将崩塌之际，我们并非只有从正面迎战、重整旗鼓这一种方式，我们还可以通过在文明自我解体的趋势中加入下一代的力量，从而加速文明崩塌的速度。我认为，处于闭塞期和改革期的民众的心理受自我解体的思想所影响，一旦加速自我解体趋势的速度，那么该消失的东西就会消失。如果这种加快趋势发展的战略能够有所效果，那么我们就应该采取。我们不能避免要与这种文明正面交锋的局面，同时我们也无法局限于正面交锋这一种方式，采用灵活应对的作战方式，双管齐下，使该消失的东西尽早消失。

我认为，最终还是要靠人的"内心意识"来解决文明的问题。我们无法否认，西欧近现代文明中的情绪、理性和感性相结合的"内心意识"，会使地球走向灭亡。其中有智慧的原因，也有心理状态的原因。也可能并非以上两者，而是受某种不明因素所驱动。对于以上现象，探讨有效的应对措施或许能帮助我们取得进一步的进展。

对于利他性稻作渔捞文明的研究

安田

我认为，如果能够创建一种文明，使人们对于生存在人类圈与地球圈重合的地方感到无比喜悦，这种文明便是最好的。对于人类来说，最好是能够建立起一种共同认知，认同生存在稻作渔捞这种可循环社会中是最理想的。如今的人类以赚取虚拟的金钱为乐，但其实这并不是值得高兴的事情。

大桥

我觉得不能全盘否认，还是有可能的。

安田

您认为美国人可能建立像巴厘岛那样的社会吗？

大桥

我认为还是取决于我们采取何种方式。实际上，我们做过一项对比研究"奖赏系统"和"惩罚系统"对于动物行为的控制程度的实验，美国知识阶层可能会感兴趣，结果显示，基本上"奖赏系统"占据优势地位。比起威胁式命令，诱导的方式更有效果。我认为，我们也要让美国的有识之士意识到这个大原则，并诱导他们认识到"惩罚系统"的威胁式命令是有局限性的，可以转而尝试感性诱导的方式。这样，或许他们就不会固执于"惩罚系统"思维，现在的情况也就会有所改变。

另外，我认为不是以"美国"这个国家为对象，而是以每个"美国人"为对象，这样的想法才是最好的。若我们的研究对象是国家，我们就容易受通过制度改革才能改变世界的先入为主的观念所制约，那将错失很多机会，这种思维方式类似于一神论。我们不应该局限于此，而应该尝试各种不同的方式，或许在尝试的过程中，在我们没有意识到的地方，就产生了某种统一的力量，从而改变这个世界。如果世界能够进入以下这种状态，即各种各样的社会群体以建立新文明为目标和谐共存，他们拥有各自的目标，并通过自身的努力不断摸索前行，届时各个社会群体之间的进化和淘汰将发挥作用。

在现代文明观念中，晚期智人是促使人口增加的物种。但是，这个前提有很多问题，比如出现了很多悖论，忽视了地区与民族生存文化的多样性。而且，我们无法断定农耕畜牧文明和稻作渔捞文明的对立结构是不是人类史原始就设定存在的。以上问题我们都必须尽快探究。

正如松井先生所言，晚期智人和尼安德特人存在某些不同的特征。比如语言，由于喉咙结构的不同，晚期智人能够对声音频率进行多样化处理，这是晚期智人固有的特征。因此，晚期智人能够使用语言，以语言脑功能为基础，建立各种模型，组成各种语言结构。这种活性在晚期智人中普遍存在，是由遗传基因决定的大脑的设计图。因为具备以上能力，所以晚期智人在遭遇寒冷等气候变化以及遭受其他势力攻击时，能够组建危机管理模式，很好地克服对于环境的不适应，得以生存下来。在这个过程中，避免遭到淘汰得以存续的两个文明便是东方的"稻作渔捞文明"和西方的"农耕畜牧文明"。以上发展历程虽说存在一定的必然性，但是我们不可否认，也可能出现过很多类型的文明，经过尝试后遭到淘汰，最终形成了东西方两大文明。因此，在现在前路尚未明朗的情况下，我们需要做各种不同的尝试，这才是有意义的。

那么，这种尝试的规模控制在多大范围才是比较合适的呢？从文明这种大角度出发，能够成为模型或者能够尝试研究的社会群体数量有限，我们无法确定是否就存在合适的对象，选择起来也比较有难度。有些国家和行政单位也存在实验范围过大的问题。因此，我们需要建立更多文明的引导系统，在模型化和实验不断推进的过程中，就会产生优异者。正如野生动物一般，通过杂交和变异的方式，繁殖能够在不适合的环境中得以生存的物种。因此，不以文明和国家规模的视角探讨社会群体这一进化与淘汰的基本单位，而是将研究视角设定在内部的小群体中，如果存在能够脱颖而出的群体，就选择繁殖这类群体。我认为可以对大量小群体做研究尝试。

安田

听了松井先生和大桥先生的理论，我感觉松井先生果然是物理学家，能够对理论进行系统的整理。我们只能利用手上现有的数据建立小的实验模型，因此就算我们建立了数个小的实验模型，一旦从农耕畜牧文明的角度出发，也还是会被轻易击败。

只重视人类生命的基督教思想的局限性

稻盛

大桥先生刚提到，俾格米人现在过着十分协调且舒适的生活。我想咨询一下大桥先生，俾格米人是如何对待人口增长这一问题的呢？

大桥

从宏观上来看,他们的人口并未增加也未减少。在俾格米社会,儿童的死亡率很高,由于疾病和事故等死亡的概率与精心将孩子抚养成人的速度之间取得了平衡。不管是俾格米人还是我们现代人,都将尽心尽力抚养下一代的思想作为底线印刻在我们的遗传基因中。只要他们还生存在伊图里森林,过着狩猎采集的生活,他们就能保持人口的稳定,维持人口的稳定也是很不容易的事情。

稻盛

并非维持人口稳定,是因为一旦增长了就无法与环境保持协调了吧?

大桥

不是的,传统的俾格米民族的人口本身就没有增长。

稻盛

为何人口没有增长呢?

大桥

首先,他们未受延长生命的思想和技术的影响。㊀另外,俾

㊀ 西欧近代思想中具有代表性的漠视自然与社会环境的生命绝对化和死亡敌视思想,这种生命至上的思想赋予所有的行为正当化。

格米人对于生命的看法，与起源于基督教的近现代生死观存在很大差异。非洲很多地区受基督教思想影响，虽然俾格米人也与这些多少受基督教影响的农耕民族直接接触，但是生死观却是不同的。现在的基督教与其他宗教相比，独特之处在于，他们对于人类的生存十分执着。如今，这种对于生命的执着作为一种文化演变成了支配世界的国际标准。但是，通过对之前各个民族历史中存在的生死观进行调查，我们发现，他们的生死观与现在的生死观实质上存在差异。像基督教思想那样，认为人类的生存比一切都要优先，要彻底与死亡做抗争的生死观只是极少数。⊖

由于受人类遗传基因所约束，现在还过着原始生活的狩猎采集民族，为了生存全力以赴，人口也维持着平衡。在第一次工业革命之后，我们已经难以保持这一巧妙的人口平衡，特别是农耕畜牧文明社会与受基督教影响的地区，人口增长已经达到失控的状态。

我认为，我们必须验证，现在如此严重的人口问题是否与西欧基督教文明有关。我们无法否认，也许是由于基督教文明中倡导对死亡的绝对敌视，无条件支持逃避死亡的做法，招致了今天失控的人口暴增问题。我曾经将前面提到的"程序化自我解体"的相关论文提交到人工生命国际会议上，委员会中的一位基督教学者就提出："这类有悖伦理的研究，从学术上

⊖ 据有关推断，在亚洲的传统社会中，佛教与印度教生死轮回的思想现在还占大多数。

来讲就算再优秀也不允许发表。"他提出异议的理由是，对于死亡抱有积极性是不道德的事情。对于我的研究提出反对意见，我是可以理解的，但是我做梦也没有想到，会受到如此强烈的反驳。针对以上现象，我认为我们有必要另外探讨一下，作为农耕畜牧文明属性的一部分的"近现代基督教文明的生死观"。

纵观人类发展历史，不乏持有"自行了断多余和不适应的生存"观点的文明。随着老龄化和对社会贡献程度的降低，会出现主动要求终结生命的例子，虽然被隐藏在了仇视死亡的现代文明中，但还是有记录可寻的。比如日本的弃老传说，即老人到了大约70岁以后，就要被送上"姥舍山"。这些例子在近现代社会中都被当成野蛮习俗，广受批判。人类由于人口急剧增加，已经濒临灭亡，如果从人类之外的生物的角度来看，会是怎样的呢？如果人类对于自身引起的生死循环系统的失衡置之不理，持有"只要能活下去就好"的想法，那么矛盾将不断累积，情况也将不断恶化。这就是我们人类目前面临的现状。

对于以上问题，我们就论述到这里。我们对于"死亡是绝对不好的""死亡是我们必须克服的""只要能活着就好""死亡的意义"这些问题很少进行探讨，我认为我们应该改变这种态度，赋予以上问题存在的合理性，将其放在生物体整体框架中重新进行审视，我将以这样一种态度继续推进我的研究。

尝试重新复活俾格米人的生存方式

稻盛

松井先生提到了"20世纪的想象",我们一直将不断发展视为良好的趋势,但是这样的话我们无法继续生存,爱可能毁灭人类,爱也可能毁灭地球。

迄今为止我们认为是好现象的情况,也许实际上并非如此。您刚提到能够拯救世界的只有宗教,佛教中有"小善如大恶,大善似无情"的说法,即一味地倡导博爱,珍惜所有的人,这样的小善可能会酿成大恶,会造成人口爆发性地增长。当地球再也容纳不下庞大数量的人口时,那就是人类走向灭亡的时候。另外,看似冷酷无情否定博爱的生存方式,反而是大善。佛教中正有看似无情冷酷,实则为大善的情况。如今,我们不得不提出这样的思想。

松井

我一直认为,我们不应该像现在这样,对发展中国家进行人道主义援助。我们不能再对非洲等国家进行现在这样的援助,因为这会使他们无法基于现在的循环维持生存。

稻盛

另外,方才提到的俾格米人的世界,生存其中的人类有十分舒适的生活空间和充足的食物。俾格米人的世界也会出现因人口增加影响生活舒适性的情况,不同的是,他们深受"知足常乐"的佛教思想的影响,不奢侈浪费,我认为这里面有这个原因。

大桥

正如您所言。俾格米人是非常懂得满足的群体,他们在现有的环境中,一切以自己的群体为前提,过着十分和谐幸福的生活。人类文明就是从这种生活状态开始的,那为何演变到了现在这种危险的境地?从这一点上来看,我认为文明是最大的恶因。对于晚期智人,我一直持否定态度,但是进入俾格米人社会和巴厘岛之后,通过在这两个地方的体验,我对于人类的看法发生了转变,我觉得人类是十分了不起的生物。现在,我相信人类的基本设定是最好的,人类拥有非常高贵的内心。当我看到人类相互爱护,像尊崇神明一样爱护环境,所拥有的生活方式与遗传基因设定的大脑功能相互吻合的时候,我越发坚信我们可以做到。

换言之,文明开化之后的人类,逐渐失去了最根本、最美好的东西,越来越偏离原本的轨迹。我认为,从人类最初的设定是好的这个角度出发，只要采取行动就能取得成功。这确实是十分困难的事情，但是我的音乐导师小泉文夫老师曾经告诉我："悲观论就是脑子笨的证明。如果真的拥有如神明般的智慧，总会找到出路。如果找不到，那就说明脑子不好使。"虽然是年轻时候的教诲，却使我终身受益。自此之后，我的想法发生了变化，在找到结论之前，尝试一切办法，不在一开始就觉得不行。

当我走进俾格米人社会和巴厘岛，看到构筑起了十分巧妙的信息环境的人类共同体时，我开始庆幸自己生而为人。作为一名体验过这种感觉的人类的一员，我不断问自己，难道我们无法找到出路吗？

俾格米人社会及巴厘岛都是"奖赏大脑系统"主导的社会，能使生存其中的人们在所赋予的环境中达到一种幸福的状态。特别是巴厘岛居民，他们能够十分巧妙地通过全球化的方式带动经济的发展，又能够实现在自己的区域共同体中享受俾格米式的生活，这种方式值得我们学习。山城祥二主导的芸能山城组（Geinoh Yamashirogumi）团队也以此为学习的范本。只要我们稍费工夫，就能发现俾格米式抑或巴厘岛式的生活方式，这个方向也值得我们探讨。随着成功实例的增加，总会引发关注，届时将会找到我们所探求的答案。

因此，我们需要探讨能够为我们上述行动提供支持的理论及知识依据。在这一点上，安田先生对于我们来说是非常重要的存在。从各种突破口出发，通过各种尝试使人们恢复内心尚存的一点俾格米式的东西，希望以上想法能得到在座各位学者专家的支持。

我们能否对抗日渐庞大的"人类圈"

安田

正如稻盛先生所言，我们这个研讨会的目的，是探讨"建立基于利他之心的新文明"的方法。迄今为止，人们认为，理查德·道金斯所提出的"利己性遗传基因"和 DNA 原本就是具有利己性特质的。大桥先生今日从综合性的角度出发，首次提出"遗传基因具有利他性的要素"这一观点，原本人类从 DNA 阶段开始就具有利他性的特质。

大桥

您的"今日首次提出"这一表述可能不是很准确，○但是确实如您所言。

作为生物，一旦缺乏利己性特质，对于自我保护和自我繁殖来说是极其不

○ 在 2007 年 12 月举办的京都文化会议及同月召开的国际日本文化研究中心京都探讨会上，就曾以《利他性遗传基因的优越性》为题，发表演讲。

利的。缺乏利己性的物种惨遭淘汰而衰亡，当然，拥有利己性特质的物种就得以存续。但是，在利己性多样化发展与进化的过程中，在利己性之上产生了同时拥有利己性和利他性的特质，拥有这种特质的物种表现出了极强的生命力，最终成为支配地球生态系统的力量。其中，最典型的例子就是，伴随着自我解体的死亡遗传基因的出现，以及对理性进行控制的搭载了感性回路的大脑的进化。

地球的生命大致起源于细菌，到了原生动物阶段，利他性结构与利己性结构实现一体化，例如前文中提到的四膜虫的程序化自我解体那样。结果，利他性成为利己性结构的支撑，死亡与自我解体的结构普遍存在于地球生命中，地球上所有的生命都有了寿命。这一事实也反映了，只有利己性特质的生命在竞争中失败进而灭绝，而在进化中获得了利他性自我解体的死亡基因的生物取得了竞争的胜利。若我们能将上述内容以通俗易懂的形式传播到社会中，我们也许就能够动摇现在的占据压倒性地位的观念——利己性是正确、强大的特质，利他性是悲观的、落后的特质，终将遭到淘汰。

松井

利他性特质是能够系统地看待事物。所谓系统，是不管其构成要素是什么，都不可能以单独的形态存在。正如环境与生命那样，都是成对的。有"他"才有"己"，不管是利他还是利己，从系统上来看都是利他。有人曾经问我："现在的教育存在什么问题？"我认为最大的问题是，孩子们一开始就处于以"自我"为前提的教育体系中。在教育的最初阶段，教育的目的就是为了创造自我，认为因为有他人的存在所以才能认识自己。教育最初的大前提就存在错误，因此现在的教育也走偏了。教育的前提应该是，先认识他人而后再创造自我。因此，利他性虽然是理所当然的事情，但是世人已将其遗忘了，这是最大的问题。

稻盛

正如松井先生所言。我们现在必须要转变所有的价值观，包括利他性思想在内。也许不是通过理论，而是通过您刚才所提到的宗教的方式。因此，21世纪要想改变环境，维持人类生存，就必须倡导新的爱，这是对扭曲的价值观的改变。但是，并非意味着倡导相反的价值观。比如方才我所说的，大善和小恶这种价值观，我们要意识到，一直以来我们价值观中认为的善其实或许并非真善，我们不需要如此弱小的爱。为了实现人类的生存，我们必须倡导更为强大的爱。

从"利己性快感"向"利他性快感"转变

稻盛

还有一个问题想要请教一下大桥先生。现如今，我们的科学技术是以人类的欲望为原动力，根据人类的探求心理和好奇心发展而来的。实际上，这是非常令人愉悦的事情，同时也实现了物质和能源的丰富性。也许我刚才的表达有点不恰当，还有一种快感是友好的、稳定的。这种快感与欲望得到满足时的感觉不一样，是一种比较治愈的、达成利他性时的愉悦感，我们今后正是通过这种快感维持生存。当贪欲得到满足时也可能会产生快感，但是那种快感与充满友好、体贴和关爱的感觉完全不同。我们应该创造充满这种快感的全新时代，在这里提出这样的想法也是合适的。

大桥

　　正如您所言。实际上，现阶段我们也开始尝试借助科学的力量开展此项研究，这种科学力量就是脑科学研究的快速发展，在此不加以赘述。从某个程度上来说，它取得了一定的进展。现如今，我们能够在生物存活的条件下对大脑活动进行详细的研究，因此我们了解了"奖赏系统"处于活性化时生物的状态。从不断积累的研究成果来看，追求利己性欲望并非最能刺激大脑中的"奖赏系统"。人们开始研究能够使内心充实的良好状态，特别是方才我提到的使感性大脑功能发挥作用的利他性快感，这种快感可能最能刺激大脑中的"奖赏系统"。

　　另外还有一个问题是，我们的文明现在逐渐偏离了最初遗传基因所设定的轨道，大部分人未曾实际体验过人类自然而然的满足感和欢悦感。如果我们没有实际进入到热带雨林中，未实际进入到巴厘岛的村落中，我们就无法感受到，包括自然环境和社会文化环境在内的整体大环境与人类之间能够达到何种融洽的状态。我希望，首先参与本次研讨会的各位老师能够先去体验这种快乐舒适的感觉，特别是要去体验一下巴厘岛充满利他性色彩的祭祀仪式。我认为在体验了这种感觉之后，我们对于自身和人类整体的认识都会发生变化。我们会认识到，居然能够有这样美好的心情，居然能够过如此安定的生活，人类群体居然能够达到这样血脉相通的程度。只有我们自身扩大这种体验范围，我们才会相信我们人类心中潜在的美好东西。只有我们开始迈出第一步，打开感受快乐的大门，我们才能知道，人类在什么样的情况之下会有什么样的反应，我们才能感受到利他之心的快乐之处。

在这一点上，对于"何为快乐"的科学研究才刚起步不久。我认为，我们应该对此进行更为系统、全面的研究，使现在的"物质和身体的欲望"得到满足时所产生的快感升华到自我实现"利他"和"真善美"的快感。我认为，我们还应该知道，实现了"人和"之后，我们会有怎样的感受，这也是很重要的。

以上内容都是人类行为中较为主观的世界，脑科学为我们提供了客观的研究成果。从这一点上来讲，方才稻盛先生所提到的问题尤为关键，不容忽视，我们可以对此抱有期待。

安田

我经常提到对于欲望的控制，我认为控制欲望并非好事。

大桥

欲望也无法控制。

安田

是啊,因此我们要创造新的欲望。

大桥

就是改变欲望这一大脑功能,重新创造良好的欲望。

参考文献

[1] 大桥力,《信息环境学》, 朝仓书店, 1989 年。

[2] 大桥力,《声音与文明, 从声音的环境学开始》, 岩波书店, 2003 年。

[3] 大桥力,《多标准研究宣言(连载)——大脑中的有限及无限, 第 0 回》,《科学》, 76、24-28, 岩波书店, 2006 年。

[4] 安田喜宪,《文明的环境史观》, 中公丛书, 2004 年。

[5] 安田喜宪,《坏境考古学初始: 日本列岛 2 万年》, NHK 系列丛书, 日本放送出版协会, 1980 年。

[6] 大桥力,《还原丧失的"原本"概念(连载)——大脑中的有限及无限, 第 2 回》,《科学》, 76、684-690, 岩波书店, 2006 年。

[7] Peter W. Hochachka and George N. Somero(藤田道也译),《适应环境的生物化学: 分子理论》, 共立出版, 上: 1976 年、下: 1978 年/内田清一郎、菅原浩,《适应生物学》, 讲谈社, 1977 年。

[8] 大桥力、中田大介、菊田隆、村上和雄, "程序化的自我分解模式",《科学基础理论研究》, 68、79-87, 1987 年。

[9] Oohashi, T., Ueno, O., Maekawa, T., Kawai, N., Nishina, E., Honda, M., Effectiveness of hierarchical model for the biomolecular covalent bond: An Approach Integrating Artificial Chemistry and an Actual Terrestrial Life System, Artificial Life, Vol. 15. No. 1: 29-58, 2009。

[10] 下原胜宪,《人工生命与进化的计算机——极具自律性及创造性的信息技术》,工业调查会,1998年。

[11] Oohashi, T., Maekawa, T., Ueno, 0., Kawai, N., Nishina, E., Shimohara, K: Artificial life based on the programmed self-decomposition modei:SIVA. Journal of Artificial Life and Robotics,5(2),77-87(2001)/ 上野修、前川督雄、本田学、仁科惠美、河合德枝、大桥力 "程序化的自我分解模式——利他性遗传基因程序的优越性（第24回人工智能学会全国大会予稿集、2HI-OS4-3（2010）。

[12] 本田郁子、薰大和,《人类为何跳舞》,白杨社,1995年。

[13] 仁科惠美、大桥力,"关于超高密度高复杂性森林环境音对于城市音环境改善的效果研究——通过脑波、血中生理活性物质、主观印象等进行综合性评价",日本城市规划学会城市规划论文集,40-3、169-174,2005年。

[14] Nakamura, S., Honda, M., Morimoto, M., Yagi, R., Nishina, N., kawai, N., Maekawa, T., and Oohashi, T., Electroencephalographic evaluation of the hypersonic effect, Society for Neuroscience Abstract,752.14,(2004)。

[15] 梅原猛、安田喜宪（稻盛和夫主编）,《长江文明研究》,新思索社,2004年。

[16] 安田喜宪,《稻作渔捞文明：从长江文明到弥生文化》,雄山阁,2009年。

[17] 大桥力,"农耕形式的不同导致人类世界观的巨大差异（连载）·大脑中的有限与无限 第10回",《科学》,78、708-714,岩波书店,2008年。

[18] 大桥力,"受大脑奖赏系统主导的有限系巴厘岛的自组织化（1）、同（2）、从长江文明中探究有限系世界观模型的根源（连载）·大脑

中的有限与无限 第 8、9、11 回",《科学》,78、22-28、382-388、1110-1106,岩波书店,2008 年。

[19] Vescovi. P. P., Rastelli. G., Volpi. R., Chiodera. H., Gennaro. C.Di., Coiro. V., Circadian Variations in Plasma ACTH, Cortisol and β-Endorphin Levels in Normal-Weight Bulimic Women, Biological Psychiatry, 33:71-75(1996)。

[20] Kaya, W. H., Pickar, D., Naber, D., Ebert, MH., Cerebrospinal fluid opioid activity in anorexia nervosa. Am J Psychiatry. 139(5):643645(1982)。

[21] 大桥力:"巴厘岛的祭祀仪式活动中蕴含着合理利用情感的科学",《科学》,75、713-718,岩波书店,2005 年。

[22] Oohashi. T., Kawai. N., Honda. M., Nakamura. S., Morimoto. M., Nishina, E., Maekawa. T., Electroencephalographic measurement of possession trance in the field, Clinical Neurophysiology, 113: 435-445(2002)。

[23] Kawai. N., Honda. M., Nakamura. S., Samatra. P., Sukardika. K.,Nakatani. Y., Shimojo. N., Oohashi. T., Catecholamines and opioid peptides increase in plasma in humans during possession trances. NeuroReport,12:3419-3423(2001)。

[24] Oohashi. T., Nishina. E., Honda. M., Yonekura. Y., Fuwamoto. Y., Kawai, N., Maekawa. T., Nakamura. S., Fukuyama. H., and Shibasaki, H., Inaudible high-frequency sounds affect brain activity: Hypersonic effect, J. of Neurophysiology 83,3548-3558,(2000)。

第 5 章
现代文明是否会因科学技术的发展而灭亡

/伊东俊太郎

"机械论自然观"的实质性瓦解

笛卡尔提出的"机械论自然观",自 17 世纪开始盛行并延续,直到今天我们还深受它的影响。但是坦率来讲,实际上这一观点已日益站不住脚,我们越发觉得必须提出新的自然观。因此,在这里我要提出全新的自然观——"创发自组织系统的自然观"。

"机械论自然观"发源于 17 世纪"科学革命"的历史背景下,然而令人意外的是,日本科学家对这一历史性背景并不上心。因为日本科学家都是将 19 世纪已经形成的科学观点全盘接收,因此,对于科学所产生的历史思想背景并不在意,只是吸收成形的科学成果,将规范和技术等科学表层的问题用于科学研究。从这个意义上来讲,没有考虑到科学形成的自然观背景也是理所当然的事情。但是,在科学形成的历史背景下,机械论自然观的存在是既定的事实。如今,"机械论自然观"实质上已日益站不住脚了。

我一直在提"机械论自然观"开始瓦解的事情。有人会说:"既然如此,那就提出一个能够代替'机械论自然观'的新观点。"但迄今为止,我还没有正式提出可以替代它的新观点。今天,在这里提出一个可以代替它的新观点,是我这段发言的宗旨和目的,我准备提出"创发自组织系统的自然观"来代替"机械论自然观"。接下来,我将从宇宙的形成及生命的诞生这两个方面来论述以上观点。

在论述"创发自组织系统的自然观"之前,我想先简要介绍一下笛卡尔的"机械论自然观"。对于研究哲学史的人来说,肯定会阅读笛卡尔的著作,但是真正对笛卡尔自然观的精髓深入研究的人,在日本哲学界恐怕不多。换言之,我们之中并没有人真正理解笛卡尔所提出的观点。先不说哲学范畴的概念,笛卡尔的自然观可简单概括为"将自然看作机械",这一解释简单明了、通俗易懂,从自然中将生命、意识等一切因素去除,只是将其视为简单的几何学的延展。

"延展"在拉丁语中是"extension",指的是无色无味的几何学的延展。若将其分离就形成一个一个粒子,每个粒子的跳动都记录着世界的变化。这个观点机械性地看待世界,或者直接将世界视为机械,如此一来,路边生长的树木,甚至人类的身体也都成了机械。但是笛卡尔又意识到,由于"我思故我在",因此不能说人类完全是机械,"我思"(cogito)并不是机械能做得到的,身体等其他部位都可以简单地机械化,只有思考例外,是不能机械化的。

但是仔细思量，笛卡尔的这个结论本身是存在问题的。原本"思考"这个行为就无法脱离人的身体单独进行。没有身体的"我在"作为根本，"我思"就无法进行。不论笛卡尔是否意识到这一事实，他跳过了"我在"，直接从"我思"开始。我认为笛卡尔的观点有点本末倒置，但总之笛卡尔就是这么想的。并且，从自然界中将生命和意识等因素去除，将自然视为统一的几何学的"延展"，自然也就成了几何学。换言之，自然变成了数学，作为数学的研究对象而存在。以上论述在任何一本哲学类书籍中都能看到，但是以下内容可能不太能看得到。因此，我认为以下内容是十分重要的。

笛卡尔所提倡的自然观的本质，是通过将自然还原成数学，剥夺了自然的一切能动性和自律性。笛卡尔认为，从自然中剥夺它的能动性和自律性，通过人类数学设计的机械化操作，能解决自然中的所有问题。笛卡尔的自然观本质上剥夺了自然本身所具有的能动性、自律性和自我形成性，而这一内容几乎所有的哲学类书籍均未提及。考虑到书籍中未提及笛卡尔自然观对后人的影响，因此我在这里特地加以说明。

从"机械论自然观"到"创发自组织系统的自然观"

我在此提出的全新的自然观，是与笛卡尔的机械论自然观相对抗的观点。我所提出的"创发自组织系统的自然观"，与从自然中剥夺其自形成性的机械论自然观相反，这一自然观认同自然所具有的自形成性。对自形成性及自组织性的认同，就是对"自然能够自然地创造新自然"，即能够自形成新自然的"创发"系统的认同。"创发"一词译自英语"emergence"，意为新事物的出现，"emergence"一词来源于拉丁语"emergere"，这一情况很少人提及。就连因提出"暗默知识"（tacit knowledge）而闻名的迈克尔·波兰尼（Michael Polanyi）都未提及，虽然他极力推崇创发系统。

在拉丁语意中，"emergere"的意思是"处于下位的部分浮出表面被发现"。处于下位的部分通过重新组合创造了全新的相互关系。但是，这并不意味着破坏了处于下位部分的原本规律，而是出现了迄今为止从未出现的新的性质，这个现象我们称之为"创发"。

"意识"上的"创发"是生物历史上最令人震惊的"创发"现象。在一定的距离范围内，通过质与量来呈现新事物，这就是创发，即在现有的物质基础之上，加上与环境的相互作用[一]产生了新事物。这一"创发自组织系统"是我所倡导的全新的自然观中对于自然的定义。

为了能够稍微了解"创发"形成的历史，我准备通过图5-1进行说明。自然史始于"宇宙史"，进而有了"银河系史""太阳系史""地球史"和"生命史"。随着"人类"（这里指的是动物

㊀ 这是十分重要的一点，波兰尼称之为"边缘环境"，显得稍微有点晦涩难懂。

时期的人类）的诞生，又出现了"人类革命""农业革命""城市革命""精神革命"和"科学革命"，至今发展成为"环境革命"，以上任何一个阶段都同时包含着前一个阶段。

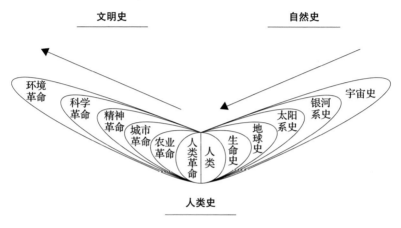

图 5-1　创发自组织系统的形成

图 5-1 的右边是自然史（Historia Naturalis）的发展历程，左边是文明史（Historia Civilisationalis）的发展历程。迄今为止，我们大部分都在叙述左边的文明史内容，例如，从"人类革命"到"环境革命"的历史，也提及了这一变化的过程。因此，我想稍微转变一下视角，开始论述右边自然史的内容。位于左右两段历史中间的是，从猿人到早期智人再到晚期智人的人类史（Historia Humana），这也不在这次的论述范围之内。

在自然史中，宇宙最先形成，而后在宇宙中形成了银河系，在银河系中又形成了太阳系，在太阳系中又进而形成地球，在地球上诞生生命，在生命中又先后诞生了人——生物学意义上的人以及智人。以上自然史中所形成的一切，都是与环境条件相互作用"创发"的结果，"创发"不仅存在于自然史中，我认为在文明史中也一样存在。人类革命、农业革命、城市革命、精神革命和科学革命，无一不是"创发"的产物。但是，在科学革命之后发生了些许变化，我想将这一变化作为本次论述的结论，放在最后来说明。现在，我们正处于科学革命之后向"环境革命"这一新文明迈进的阶段，希望各位牢记于心。

我的目标是，通过集中研究宇宙史与生命史的开端，得到从机械论自然观向创发自组织系统的自然观转变的启发。在仔细研究现代宇宙论和生命论之后，我发现这一转变过程已经完成了。但是，由于各种自然科学论述均未涉及此转变，因此大家并未发现。原本自然科学是对个别现象的研究，比如"出现了这一新现象""发现了这一新事物"等，人们更偏向于将目光聚焦于这类个别的发现及成果之上，结果忽视了自然史的整体变化，因此自然史整体的变化并未明确地传达至我们。

试举一例，1993年约翰·格里宾出版了《宇宙进化论》，1995年斯图亚特·考夫曼发表了《自组织化与进化理论》，紧接着1997年李·斯莫林又出版了《宇宙的寿命》。以上三本著作，虽然都预示了自然科学的新方向，但均未提及自然观的变化。虽然他们分别论述了个别全新的现象，但是都未涉及自然史整体的变化。我认为实际上自然观自身已经发生了根本性变化。

宇宙的自组织

那么，在我本次论述的范围——宇宙史的开端与生命史的开端中，通过从宇宙的诞生与形成，即宇宙形成论的角度来思考自组织系统的突生，我们得出了"对称性自发破缺"㊀的成果。"对称性自发破缺"机制的研究者曾以此获得 2008 年诺贝尔物理学奖，这一成果是由无数研究积累而成的。

首先，1929 年美国著名天文学家埃德温·鲍威尔·哈勃（Edwin Powell Hubble）通过观测发现了宇宙的膨胀现象，通过观测银河系，发现银河系背离宇宙向越来越远的地方运动，哈勃将之称为"红移"。要对"红移"进行说明的话，首先要先说明"多普勒效应"，在此先省略不提。

因此，哈勃得出以下结论：距离宇宙越远，推移的速度越快。V（速度）$= H_0 R$（距离），速度与距离成正比，"H_0"被称为"哈勃常数"，它的倒数就是宇宙的年龄。

实际上，在哈勃得出上述结论之前的 1922 年，苏联宇宙学家亚历山大·弗里德曼就已经证明，只要解开广义相对论（爱因斯坦于 1915 年发表的理论）的宇宙方程式，就能推断出宇宙的膨胀，因此哈勃是通过观测为弗里德曼的论证提供了实证。

到了 1947 年，科学家乔治·伽莫夫提出了宇宙"大爆炸"理论。他指出，现在银河距离宇宙越来越远，如果时光倒流，曾

㊀ 物理体系从高温到低温的过程中，或者从高能级到基态的过程中，从一个对称的体系变得不对称的过程，称为"对称性自发破缺"。——译者注

经的宇宙可收缩成一个小点。这个收缩的小点到达某个时点会突然发生爆炸，进而宇宙膨胀，变成如今的模样。伽莫夫认为，最初存在一种超高温且超高密度的物质，他称之为"原物质"，正是这种物质突然发生爆炸。"BIG BANG"指的是很大的爆裂声，即"大爆炸"的意思，"BIG BANG"这个理论名称并非伽莫夫命名的，而是他的反对者用来挪揄他提出的理论时所使用的词，不知不觉成了正式的理论名称。时至今日，"大爆炸"一词的使用范围仍极其广泛，比如"金融大爆炸"等。

1956年，学界已经预言，随着宇宙的膨胀，宇宙的温度会不断下降，宇宙存在5～7K（K是绝对温度的单位，0℃=273K，因此是非常低的温度）的背景辐射（background radiation）。宇宙大爆炸使得整体温度逐渐下降，宇宙微波背景辐射是大爆炸遗留下来的残渣中放射出的微弱电波。

到9年后的1965年，在美国贝尔实验室从事电波研究的罗伯特·威尔逊和阿诺·彭齐亚斯在调试高灵敏度的号角式接收天线时，试图去除接收到的杂音，但是无论如何也没法去除，而且从宇宙的各个方向均发射出相同强度的杂音。他们只是想消除杂音，并未想要验证宇宙大爆炸理论。为了探讨消除杂音的方法，罗伯特·威尔逊和阿诺·彭齐亚斯前往位于贝尔实验室附近的普林斯顿大学寻求帮助。普林斯顿大学有一位理论物理学家罗伯特·迪克，当时正好从事宇宙大爆炸研究。当罗伯特·威尔逊和阿诺·彭齐亚斯询问杂音为何物时，迪克回答道："困惑你们的杂音，正是伽莫夫曾预言过的宇宙微波背景辐射，你们观测到了。"闻此，两人十分惊讶，"这么说来，无论如何都没办法消除这来自宇宙尽头的声音了"。结果，罗伯特·威尔逊和阿诺·彭齐亚斯于1978年获得了诺贝尔物理学奖，他们并没有研究宇宙大爆炸理论，只因得出了与之相关的成果而获奖。罗伯特·迪克未对背景辐射进行相关观测，而且他计算出来的背景辐射值是10K，与背景辐射的正确值相差甚远，因此未能获奖。

通过对背景辐射的观测，我们验证了宇宙大爆炸理论，且完全打破了宇宙恒稳态理论。

美国理论物理学家史蒂芬·温伯格曾因"弱电统一理论"的研究成果，获得诺贝尔物理学奖。1977年，史蒂芬·温伯格提出了宇宙大爆炸标准理论，在他的著作《宇宙最初三分钟：关于宇宙起源的现代观点》一书中对这一标准理论进行了归纳总结。

到了1989年，人们开始通过宇宙背景探测卫星探测宇宙背景辐射。由于从地面观测易受各种干扰而无法进行准确观测，因此开始通过发射"宇宙背景探索者"（COBE）卫星对背景辐射进行观测。观测结果验证了许多重大发现：首先，验证了宇宙大爆炸的真实存在；其次，验证了宇宙大爆炸使宇宙不断扩大，这时能量与物质的分布并不均衡，这从摘自1992年4月24日《每日新闻》的图5-2中可清晰看出。由于画面十分清晰且令人印象深刻，我便保存了下来。

通过图5-2我们可以清晰看出，当时宇宙的温度分布呈条纹模式，各处温度并不一致。图片所显示的温度差异稍有失实，实际上温差范围较小。需要明确的是，宇宙各处的温差稍有波动，若宇宙各处的温度完全一致,就无法形成银河系,正是因为有温度的差异,密度较大的地方渐渐开始凝结,空余出来的地方便形成了空洞,因此才有了银河系。

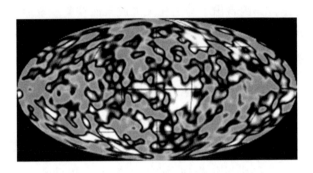

图 5-2　COBE 卫星观测到的温度"波动"

注:根据 COBE 卫星观测到的数据绘制而成的全天温度分布图,显示了宇宙初期温度的波动。我们银河系的中心位于上图的中心位置。
资料来源:摘自路透社《每日新闻》,1992 年 4 月 24 日。

2003 年,拥有比 COBE 卫星更佳性能的威尔金森微波各向异性探测器(WMAP)登上历史舞台。通过发射 WMAP 观测到的结果,间接证明了日本天体物理学家佐藤胜彦与美国天体物理学家阿兰·古斯分别独立提出的"宇宙暴胀理论"的真实性,"宇宙暴胀理论"是在哈勃的"宇宙膨胀理论"之前提出的,宇宙暴胀现象确实存在。

另外,通过 WMAP 观测到的结果,人类第一次知道了宇宙的准确年龄,即哈勃常数的倒数——137 亿年。

除此之外,还证明了我们作为天文学研究对象观测到的发光恒星及天体(我认为小田稔的 X 射线天文学也应纳入其中)只占了宇宙整体的不到4%。这一结果着实令人震惊,宇宙中存在不发光的暗物质(dark matter),其占整个宇宙的23%,更令人震惊的是,剩余的73%都是暗能量(dark energy)。我们完全不知道暗物质和暗能量为何物,但是我们能确定的是,暗物质和暗能量都是真实存在的。若暗物质不存在的话,宇宙将七零八乱,可能就不会是现在这种形状;若没有暗能量,宇宙就会更快膨胀,因此宇宙中应该存在与膨胀相反的力量。

有很多数据可以为暗能量和暗物质的存在提供支持,因此我们知道它们是存在的,但是至于它们究竟为何物至今还不得而知。当我提出"暗物质有可能是中微子"的设想时,池内先生马上提出了异议:"不可能是中微子这种质量这么小的物质。"但其实,我们只是知道暗物质确实存在,连它们的质量都是个谜,这应该是诺贝尔奖级别的问题了。

"对称性自发破缺"与宇宙的形成

终于,我们可以回归到自组织系统的论述上了。首先,请看图 5-3,标题为"对称性自发破缺与宇宙的形成",其含义是,宇宙的温度会随着时间的流逝而降低,结果,宇宙会自发性地进行对称性破裂,分化形成各种力,这些力相互作用之下形成宇宙。也就是说,现在宇宙中存在着四种力,即重力、弱力、强力和电磁力,这四种力量共同形成了宇宙。如图 5-3 所示,随着宇宙温度的不断下降,到了一定的时间点,就会分化成四种力量。

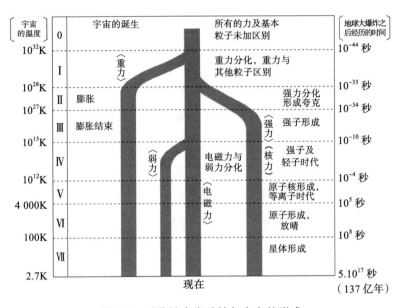

图 5-3 对称性自发破缺与宇宙的形成

注:随着时间的流逝,宇宙温度逐渐下降,结果发生对称性自发破缺,分化形成各种力,这些力之间相互作用形成宇宙。

首先,重力是在绝对温度达到 10^{32}K 时失去对称性,开始分化出来的,这个数据在日本理论物理学家南部阳一郎(2008年荣获诺贝尔物理学奖)的书中有提及。现在的问题是,该数据能否通过欧洲原子能研究机构的大型强子对撞机(LHC)得以验证。另外,在分化出电磁力和弱力时也会发生对称性破缺,史蒂文·温伯格与阿卜杜勒·萨拉姆两人因此研究成果而获得诺贝尔物理学奖。南部阳一郎的书中也提到这一对称性自发破缺,但是,至于产生强力的情况,南部阳一郎并未做明确说明。针对此问题,我曾咨询过南部先生:"是否只要有力的分化,就证明发生了对称性自发破缺?"他回答道:"可以这样理解吧。"虽然上述解析结合了我自身的理解,但是我认为应该是准确的。

也就是说,随着时间的推移,宇宙温度逐渐下降(即环境发生变化),因此发生对称性破缺,我们称之为"对称性自发破缺"。这一破缺并非人为或神力造成的,是根据环境条件的变化,通过与环境的相互作用自发形成的,这一点十分重要。以上破缺与超导体也有关系,这一想法很像南部先生的风格。

自发性破缺,换言之,通过创发自组织系统,破坏原本的对称性,分化出重力及非重力,进而分化出强力(核力),最后分化出弱力和电磁力。牛顿和爱因斯坦通过研究重力得出了重力法则,法拉第和麦克斯韦尔发现了电磁力,费米发现了弱相互作用力,汤川秀树发现了强力。宇宙存在的四个基本力量中,有一个是日本人发现的,这是很了不起的一件事。

在这里,我想着重论述"对称性自发破缺"理论。通过"对称性自发破缺",宇宙的力得以分化,这些力成为宇宙形成阶段的相位。图 5-3 显示的就是这些力的分化,这个图最初是由佐藤胜彦和佐藤文隆绘制的,现在在任何一个国家的宇宙论书籍中都能看到。

但是,这个图中并未对相位进行划分,我尝试将相位分为 0~VII 几个类别,同时,在右边注明会形成什么样的宇宙状态。首先，在0相位时会产生量子的波动，这种波动在之后的阶段还将出现，从能量转化为物质，从物质转化成能量。在这个相位中，所有的基本粒子未发生分裂，所有的力也未发生分化。对于这一相位的研究理论有"超弦理论"，但还未十分完善。

对于"超弦理论"的研究，南部阳一郎也贡献了自己的力量，他预言了数个伟大理论，"量子色动力学"也是他提出的，但是为何直到2008年才获得诺贝尔物理学奖，尤为不可思议，也许是因为南部阳一郎仅仅提出了设想，并未进行精密的计算验证吧。他的学生通过精密的计算验证，先后在他之前获得了诺贝尔物理学奖，可以说，诺贝尔物理学奖长久以来都从南部阳一郎那里预支奖金，终于在2008年返还给了他。那么，南部先生是从何时开始一直走在科学研究的前端呢？人们都说，若想要了解20年前的物理学成果，就去读南部先生的书。与南部阳一郎同时获奖的小林诚与益川敏英联合提出的"小林—益川理论"也是值得一读的成果。

言归正传，通过对相位进行划分，最初的阶段只要稍加阅读就能理解，故在此不做详细说明，我们从夸克出现阶段开始说明。夸克是一种物质（matter），被称为"基本粒子"，其实它并不是基本粒子，而是基本粒子前面一个阶段的基础物质。图5-4是基本粒子一览表，图中显示，夸克和轻子跨越三个时期，每个时期分别有两个不同种类，这就是所谓的"小林—益川理论"。当只发现其中三个的时候，就有人指出肯定存在另外三个种类，这一理论十分重要,与自发破缺相关。若在此时产生了物质,可能会有反物质以同质同量的形式出现,形成正负电子对(pair creation),两者同时出现时,即正负电子对湮灭(pair annihilation),变成能量后消失。这样一来,世界上一切物质是否都不复存在?是否都会与反物质一起消失?

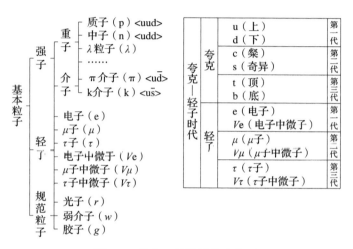

图 5-4　夸克、轻子及基本粒子

但是,有时只有反物质消失,而物质得以保留。在加速器中,反物质可以通过人工的形式进行合成(通过英国理论物理学家狄拉克的理论可得出),问题在于,为何只有物质得以保留,而反物质却消失殆尽?关于上述问题,小林诚在《消失的物质》一书中做了详细说明。

这便是 CP 对称性破缺(属于自发性破缺),所谓 CP 对称性破缺中 C 指的是电荷(charge),P 指的是奇偶性(parity,描述粒子在空间反演下变换性质的相乘性量子数),当电荷和奇偶性同时变化时，就产生了 CP 变化。通过 CP 变化，物质与反物质的对称性发生自发性破缺，即物质与反物质在能量方面形成等量的正负电子对，这时的物质与反物质只是在电荷的正负极上有差异，其余都相同。一旦两者相互结合，就会转化为能量后消失殆尽。但是，尽管物质与反物质是等量且同时产生的，世上却不存在任何反物质。

之后的情况大家参照图中的各个相位就能理解，在此不再赘述。我认为对称性自发破缺形成了宇宙，自然又通过与环境的相互作用创造着自己。

迄今为止，电子都是以等离子体的状态存在，通过与光子相互碰撞，使得光无法透过电子。原子核初次捕捉到电子，证明了光是可以透过电子的，我们称之为"宇宙放晴"，这意味着我们能够观测到宇宙。总之，宇宙的形成，就是通过与环境的相互作用进行的自发性的相位转移（phase transition）。

生命的诞生与进化

接下来，我想论述生命的诞生。如上所述，宇宙拥有 137 亿年的历史，地球拥有 46 亿年的历史，而生命只有 38 亿年的历史。总之，地球在温度下降凝结成形后，环绕于地球周边的大气中的水蒸气变成雨水，在地球上形成了海洋，因此现在地表约有 70% 的面积是海洋，松井孝典对这些海洋的形成做过详细且巧妙的解析。火星上也曾经有水，但是现在全部存在于地表之下，而金星上基本没有水。地球与太阳保持着合适的距离，具有生成水的绝佳条件，于是，生命也诞生于此。

在此，列举地球上生命的四个特征。

第一，有利于生命存活的屏障及场所。

第二，能够实现自我存续，保证自身正常运转及代谢。可以说，这也是一种自组织系统。福冈伸一在《生物与非生物之间》一书中将其称为动态平衡，而路德维希·冯·贝塔朗菲（Ludwig Von Bertalanffy，美籍奥地利理论生物学家和哲学家）称其为流动平衡。虽说是平衡，但并非处于静止，始终保持着运动状态，在运动中维持着自身运转。

第三，能够进行自我繁殖。生物的一个很重要的特征就是能够繁衍子孙。在实现自我繁殖的过程中，核酸这一物质尤为重要，在这里也不多说明，只讲其中一点。正如雅各布和莫诺在"操纵子学说"中提到的那样，DNA无时无刻不在进行着自我调节。打开启动按钮，按下关闭按钮，这是非常重要的功能，制造个体的DNA全部成为染色体组（基因组），我认为这也是一种自组织系统。

第四，进化，这同时也是生物的重要特征之一。宇宙在进化，对于生物来说，进化就是通过DNA的变化，经过一段时间的积淀之后，遗传基因信息发生各种各样的变化，诞生了适应环境与不适应环境的生物。其中，适应环境的生物得以繁衍后代，不适应坏境的生物走向灭亡。

通过突发变异和自然选择对进化进行说明的"整体论"是较为广泛的说法，我认为以上说法是不准确的。在本章的开头部分我提到，17世纪笛卡尔提出的机械论剥夺了自然中的能动性与自律性，可以说，"整体论"是将机械论的观点贯彻到了生物界中。"整体论"认为，所谓突发变异，指的是由于放射线及其他原因使得遗传基因发生变化。对于生物体来说，这是被动的事情。另外，自然选择也是环境做出的选择，生物是完全没有能动性的存在。

达尔文进化论认为，消亡与繁衍是由突发变异与自然选择决定的，但达尔文学说并非等同于达尔文自身，只能说是达尔文主义，归根结底只是一种学说，而达尔文自身涉猎的范围更为广泛，想法也更为复杂。达尔文从事许多研究，甚至还研究过蚯蚓，内容并不单一。但是，一旦达尔文的思想被定义为达尔文主义，就完全演变为生物界的机械论，至少我是这么认为的。如此一来，我们也能够理解主张"主体性进化论"的今西锦司为何反对达尔文学说了。

接下来，我想先介绍下"evolution"，我们将其翻译成"进化"，"e"指的是"ex"，即"向外"的意思，"volution"是"展开、扩展"的意思，合起来就是"向外扩展"的意思。如此解释的话，翻译成"进化"是否准确还有待商榷，因为"evolution"中并未包含"进"的意思。如果直译的话，就是"向外扩展"的意思，其多样性及复杂性程度更高，若要强行加入"进步"的意思，似乎略显怪异。我认为，现在是由于已经作为固有名称广泛使用,所以才使用"进化"一词,实际上与多样化相近的词才是比较正确的说法。如此说来,达尔文的"进化论"实际上可以称为"多样化论"。

接下来,终于要进入自组织系统这一正题了,在正式论述"为何生命的诞生是自组织化的结果"这一问题之前,我想先思考下"中心法则"(central dogma)。请看图 5-5,不知大家是否了解弗朗西斯·克里克(Francis Harry Compton Crick)⊖所提出的中心法则?中心法则针对"先出现 DNA,还是先出现核酸"这一问题进行探讨,从图中可以看出,两者之间形成一个循环,这与"先有鸡,还是先有蛋"这一问题一样,我们无法明确说明哪一个先出现,这就是中心法则的悖论之所在。

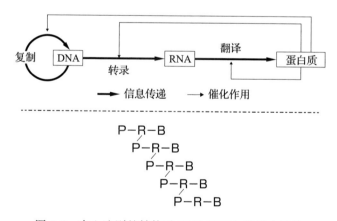

图 5-5　中心法则的结构及 DNA&RNA 的基本结构

⊖ 英国生物学家、物理学家及神经科学家,1953 年在剑桥大学卡文迪许实验室与詹姆斯·沃森共同发现了脱氧核糖核酸(DNA)的双螺旋结构。——译者注

我们必须解开这个悖论。最初必须先有核酸，进而合成"RNA（核糖核酸）世界"，核苷酸与核糖、碱与磷酸盐聚合形成多核苷酸，进而形成RNA，以上过程就是自组织化的过程。江上不二夫先生将以上过程定义为分子自由组合的结果，对此我略感惊讶。蛋白质生成的过程也是一样，甲烷、氨气及二氧化碳聚合形成氨基酸。斯坦利·米勒和哈罗德·尤里曾通过著名的米勒–尤里实验研究氨基酸的合成，结果发现，多个氨基酸组合可以合成蛋白质，我们将其称为"蛋白质世界"。简言之，我认为以上两个生成过程就是自组织化的结果。"RNA世界"和"蛋白质世界"相互结合，产生"RNP（核糖核蛋白）世界"。

1989年，西德尼·奥尔特曼观测到，在RNA和蛋白质的合成过程中，RNA发挥着信息传递和催化剂的双重作用。"RNP世界"的形成促使生命的诞生，我认为这就是创发自组织化的结果。

接下来的发展请参照图5-6，从生命的诞生开始，经过所谓的进化，最终诞生了晚期智人，即现代人类。在这期间，发生了五次大变动或曰大灭亡。第一次是"全球蒸发"，随着地球温度的上升，水分基本上全部蒸发，但不是全部。根据我的设想，其实这个时期已经有生命诞生了，在仅存的部分水资源中，包含许多要素，生命利用其能量得以诞生。根据人类历史的发展来看，生命的诞生也大致在这个时期，即大约38亿年前。

	时间单位 100万年	地层名	生物界现象	大变动
新生代	现在→ 2	第四纪	智人出现	
	65	第三纪	人类诞生 哺乳类动物的多样性及繁荣	K/T界限层
中生代	136	白垩纪	恐龙灭绝	
	190	侏罗纪	恐龙时代	
	225	三叠纪	最初的哺乳类动物诞生	P/T界限层
古生代	280	二叠纪	生物大量灭绝	
	240	石炭纪	泛大陆形成 爬虫类及昆虫类动物出现	
	395	泥盆纪	节肢动物出现 最初陆上动物（两栖类）出现	
	440	志留纪	最初陆生植物（蕨类）出现 原始鱼类出现	O/S界限层
	500	奥陶纪	大量灭绝 最初的脊椎动物出现	
	570	寒武纪	水生动植物大爆发	V/C界限层
	1300 3000 3500 3800 4600	早寒武纪时代	多细胞生物出现 真核生物出现 氧气形成 最古老原核生物出现 生命诞生 地球诞生	全球蒸发

图 5-6 地球与生物史

接着，在 5.7 亿年前，发生了"寒武纪大爆发"（Cambrian Explosion），现在大部分生物的原型几乎都诞生于这个时期。之后进入到 4.4 亿年前的 O/S 界限层（奥陶纪与志留纪的分界线），在这个时期，也有大量生物消亡，但是诞生了鱼类生物。对于这个时期的历史，除了大量生物的消亡，我们也必须关注到新生物的诞生，这是同等重要的。关于P/T界限层（二叠纪与三叠纪的分界线），我想借用丸山茂德的"地幔柱构造论"（Plume Tectonics）相关文献进行说明。通过阅读这些参考文献，我们可以知道，这个时期火山频繁爆发，是个极其悲惨的时代，但是这个时代诞生了哺乳类生物。到了K/T界限层（白垩纪与第三纪的分界线），恐龙大量灭绝，随着恐龙灭绝，较小的哺乳类生物得以多样化繁衍。正是在这个契机下，地球上才出现了大量哺乳类生物，其中之一就是我们——现代人类。对于以上大变动是危机还是契机，就各执己见了。

现在的问题在于，下一次灭绝（第六次大灭绝）会在什么时候到来呢？是在100年后还是在1000年后？如今还不得而知。但是，这次灭绝可能会和前面几次不同，会因为人类知识的进步而灭绝。随着科学技术的不断进步，可能会因为人类自身的创造而灭绝。

人类是否会因为科学技术的发展而灭亡

英国皇家天文台台长马丁·里斯曾出版了一本著作《人类最后的世纪》（*Our Last Century*）。在这本书中，他发出了提醒：人类最终可能不是因为环境恶化，而会因为科学技术的发展而走向灭亡。而且他提出，这个世纪是人类最后的一个世纪，即100年后可能人类就不复存在了，人类最终因为自己而走向毁灭的概率在 50% 左右。

迄今为止，我都是基于"创发自组织系统"对自然与文明的关系进行思考，但是，"科学革命"之后 300 年的发展变化，使得自然和文明都从"创发"演变为"人为"。蕴藏在自然中的物质不再自发性地浮出水面，并通过组合形成新事物，而是通过人类人为手段被创造出来。如今，物质都是人工创造出来的，与自然的进化不再有关系。如此一来，什么是危险的、什么是没有危险的，已经分不清楚了。目前，我们需要做的是，必须避免进入"人为性自破灭系统"。

最后，我想对以下两个问题进行探讨：各项科学技术的发展究竟有何具体的危险性和威胁性？我们如何规避这些风险？

首先，对于人类来说，最大的威胁就是"核科学"。只有废除地球上一切的核武器，才有可能避免人类因为核武器的扩散而自我毁灭的悲剧。也许很多人会觉得应该不会有人使用核武器，但在这个世界上，有会做出超乎常识行为的政治家，也有很多仇视社会的科学家存在。更可怕的是，核炸弹一旦落入恐怖分子手中，可能会引发"核恐怖事件"。那么，科学家是如何思考这个可称为人类危机的核科学问题的呢？不管是在美国还是在日本，科学界几乎没有对此问题的明确说明。美国总统奥巴马在捷克布拉格的演讲中，有稍微提及此问题，日本也应该更积极地参与到核科学的表态中。

不久前，向长崎投下原子弹并拍摄爆炸照片的美国科学家来到日本，令人十分震惊的是，在与原子弹爆炸的受害者交谈时他表示，自己不会道歉，他只是完成了科学家的责任而已。我很想反问他："那你是否尽到了做人的责任呢？"

我本人并非反科学主义者（anti-scientist），反而我认为自己是拥护科学主义者（pro-scientist）。作为一名科学爱好者，我一直以来都怀着成为科学后援队的心情，从事科学史和科学哲学的研究工作。

但是，在通过与美国科学家的接触中，我的想法渐渐发生了变化。在越南战争即将结束时，我正好在普林斯顿高等研究院工作。那段时间，我的想法发生了改变，对科学的幻想渐渐破灭。科学曾是人类的希望，但现在科学对于人类来说犹如达摩克利斯之剑，变成了一把双刃剑，它有可能给人类带来极大危险。

科学有"绿色科学"和"黑色科学"之分

我认为科学并非都是相同的，对于认为"既然都是科学，应该拥有同等价值"的观点，我深表疑惑。科学有"绿色科学"和"黑色科学"之分。"绿色科学"指的是能生成绿色无公害能源的科学，最具代表性的就是太阳能发电技术及燃料电池等。我们应该大力发展这些对地球环境有益的科学。而且，在绿色科学领域，日本拥有很强的技术储备，实力十分雄厚。

"黑色科学"指的是致力于核武器及生化武器研究的科学。科学并非都是一样的，科学可分为有益于地球发展的科学和破坏地球环境的科学。作为科学研究者,我们必须明确认识到以上两种科学的存在,拥有拒绝"黑色科学"的意识。

另外,学界认为,还存在一种介于以上两者之间的科学——"白色科学"。"白色科学"指的是那些发展方向尚未明确的科学,因此无法明确判断是非好坏,必须谨慎地关注其发展方向。"白色科学"中最具代表性的例子就是"遗传基因工程",在此我想对山中伸弥的 iPS(诱导性多能干细胞)研究表示支持。但是,我们必须明确认识到,虽然遗传基因工程在疾病治疗方面发挥着重要作用,但是也有其副作用。假如,如果仇视社会的科学家将遗传基因工程研究用于研发对社会有害的物质并将其传播,那将会造成严重的后果。因此,我们必须在明确这些副作用的基础上,谨慎看待遗传基因工程研究的发展。

另外,纳米技术也可视为"白色科学"的一种。纳米技术之父——埃里克·德雷克斯勒(K. Eric Drexler)曾提出警告,"纳米技术"拥有许多益处,但是一旦开发出可实现自我繁殖的纳米机器,这种机器就可能侵蚀周围的一切,使生物枯死。

随着科学技术的发展,加速器也成为我担忧的问题之一。大型强子对撞机装置的作用,是通过将加速质子的碰撞速度,达到接近宇宙大爆炸初期的状态。如今,人们已可以顺利使用该装置。如果人类真的通过此装置实现了接近宇宙大爆炸时期的状态,不仅研究所会被炸飞,可能连地球都会遭到破坏。虽然从事此项研究的科学家表示,他们会精准地进行计算,避免这种最糟糕事情的发生,但还是不断地在推进巨型加速器装置的研究。我认为，对此加速器的研究也将到达极限了。

　　脑科学的研究也存在危险因素。随着对生命体研究的不断推进，当达到一定程度时，必定会转为对"心"的研究。为了了解"心"，势必要对形成"心"的基础——大脑进行研究。大部分针对大脑的研究，都会以在大脑中植入芯片，通过一系列操作后收集大脑反应数据的方式进行。我所担忧的是，以上对于大脑的人工操作，对于人类来说会产生比生命体的人工操作更加深刻的影响。甘利俊一先生是十分优秀的科学家，在理论上对脑科学研究做了十分谨慎的论述。但是，从日本之外的其他文献中我们可以发现，在脑科学研究者中，不乏进行过度危险的人体试验的研究者，对此我们必须格外重视。我不禁担心，会出现想要呈现优秀的研究成果最终招致毁灭的案例。

从超加速社会到稳定社会的大转变

　　最后，对于松井老师研究的宇宙科学领域，我也十分担忧。松井老师是一位思想积极且眼界开阔的科学家，若田光一等人的研究成果也十分优秀。但遗憾的是，迄今为止还没有论述指出，"国际空间站（ISS）究竟有何益处"，以及"我们应如何看待其发展"等这些根本性问题。通过对国际空间站的研究，我们可以获取许多新数据，但是失重状态对生命体会产生怎样的影响？我认为，这也是一种类似人体试验的研究方式。令人担忧的是，从国际空间站回来的人往往会感到精疲力竭。

所谓太阳系社会和宇宙科学都不过是一种幻想，太阳系文明更是无法企及的想象。太阳系文明大致的想法是，在地球濒临灭亡时，将人类转移到宇宙中去。但是，最终有多少人可以逃到宇宙中呢？另外，我们如何筛选这部分可以转移到宇宙中的人呢？我们不可能说："你可以转移到宇宙中，而你就留在地球上等待死亡吧。"假如，转移到宇宙中的人一生都要穿着航天服生存，他们会认为自己的一生过得很好吗？比起转移到宇宙这些不切实际的想法，我们应该好好守护这片"绿色的大地"和这颗"蔚蓝的星球"，科学也应该把研究方向更多往守护地球的方向倾斜。

那么作为人类，我们应该做些什么呢？不管科学科技如何进步，不管社会如何发展，我们都应该放慢脚步，回到更为人性化的时间表上。这件事情只要我们想做，马上就能实现。比如，像大桥老师那样，想去巴厘岛听音乐，听着音乐就回归到了自然的时间。仔细思考事情的结果，若当真是有意义的事情，就慢慢推进。我们是时候放弃做任何事情都相互竞争、唯恐落后的想法了。

正因为现在我们处于超加速社会（super accelerated society），所以我们必须放缓速度，转变为稳定社会（stationary society），21世纪正是完成这一伟大转变的时代。从人类历史发展来看，可以说21世纪正是为了完成这一转变而存在的。从图5-7可以看出，在1750年以前，人类历史发展的速度是缓慢的，而在

1750年工业革命之后开始急剧加速。

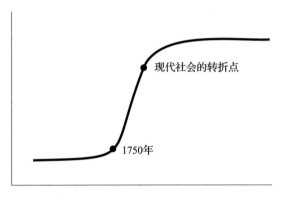

图5-7 超加速化发展的现代社会

大家在学校里应该都学过指数函数的增大吧，在15年的时间里，社会发展的速度增长了两倍，再过15年，在此基础上再递增两倍。按此速度发展，很快就会到达顶点，酿成严重的后果。因此，我们必须将现在视为一个重要的转换点，在今后的二三十年间放缓速度，逐渐转换到稳定社会。但是，至今仍有要求发展的声音，我想再次强调，若不在此时进行转换，地球环境很快就将承受不住。

1750～2050年的300年，是人类历史上十分重要的时期，我们必须认识到我们正处于文明的大转变时代，不管是科学技术还是经济发展，以往的模式已经难以为继。总之，只有在这个时期转变文明的原理及人类的生存方式，人类才能避免走向灭亡。

讨论 | 围绕第 5 章

（按照发言顺序排列）

参与者：甘利俊一、伊东俊太郎、安田喜宪、稻盛和夫、
松井孝典、大桥力

甘利

感谢伊东先生为我们展示了如此精彩的内容。通过创发自组织系统，物质、生命以及甘利先生未提及的文明和宇宙，都得到了发展。在此，我有一个疑问，在最后您提到了人类灭亡，创发自组织化也包含灭亡吗？是否因为创发自组织系统内也包含灭亡，才称为创发性灭亡呢？

神的力量推动"创发自组织系统"不断发展

伊东

的确如此，但是我想说的是，虽然有灭亡，但也有新生命的诞生。

甘利

也有由于外部因素造成的环境变化

而导致灭亡的情况，比如天体陨落等，但是根据您的论述，内部因素更有可能导致人类灭亡，我想知道这是基于什么理论得出的呢？

伊东

当然也有因为外部因素导致的灭亡，图 5-6 向我们展示了，人类发展到现在经历了无数的苦难，好不容易克服了所有的艰难险阻走到今天，实际上在 P/T 界限层（二叠纪与三叠纪的分界线），90% 的生物都已灭亡。

但是在这个时期，哺乳类生物得以存活，经过多样性繁殖进化成现代人类，这段生命形成的历史是十分宝贵的。因此，类似"人类就发展到此"这样的话，对于我来说是极其荒谬的。这样一种历经艰难险阻，通过不断创新和创发自组织化而形成的生物，仅因为在 300 年的时间里误入歧途就此灭亡，实在令人难以接受。因此，今天我们必须共同思考避免人类走向灭亡的对策。

安田

但是，维持地球上生命生存的可能是神明的力量，即使人类走向灭亡也并不意味着地球上就没有生命的存在，也可能是神明想要人类灭亡吧。

伊东

我认为，并不存在神明的力量，神明都是人为创造出来的，安田先生不也是这么认为的吗？

安田

不是的，在人类诞生之前，就已经出现了生命，因此创造这个生命链条的并非人类。

伊东

正如您所言，对此我和您的看法是一样的。对于我来说，神是不断推动生命发展的力量，是奇迹的源泉。因此，神并非拥有魔力的老爷爷，直接变出宇宙及其他各种物质，而是推动上述创发自组织系统不断发展的力量。

这样说吧，人类发展至今有多少年历史呢？如果将发现乍得沙赫人（Sahelanthropus tchadensis）视为人类的起源的话，人类历史可追溯到700万年前，最多也不超过1000万年，而蟑螂都有3亿年的历史，这样比较起来的话，人类确实算不上是长寿的生物。

即便如此，我们现在终于开始知道宇宙是什么了；也能够对 10^{-33} 的普朗克常数到 10^{30} 的巨大宇宙进行准确观测；对于生物，我们也能够进行全面的考察，这应该也是近期才做到的。我们渐渐明白，生物通过 DNA 相互关联，若在这个时候人类灭亡了，那真是很可悲的事情。当然，我不敢说人类文明与文化会长存。再过50亿年，可能真会如松井先生所说的那样，地球会被卷入太阳系，也可能地球会自燃。但是，还是希望将人类文明与文化发展得更好，能让我们和我们的子孙后代享受文明与文化。如果一直持有这样悲观的想法，人类也无法生存下去吧。归根结底，我们需要知道人类生存的意义之所在。

我与安田先生共同探讨过文明的问题，我们发现所有转变都是在大环境恶劣的时候发生的，我提出的五大变动也是如此。安田先生一直帮我做详细的调查，调查结果显示，转变都是发生在气候环境恶劣的时候，精神革命、都市革命、科学革命，包括工业革命都是如此。当时的环境也很恶劣，但是我们通过探讨这些危机的源头，都一一克服了。这些研究成果并非他人给予的，而是完全出自我们自己之手。

日本人传统的"自组织系统"的思考方式

安田

"自组织系统"一词翻译自英语的"self-organization"。为何会翻译成"自组织系统"呢？我反复听过几次之后，觉得很不喜欢这个译词，"自组织系统"这个词是将英语直译成日语，我觉得听起来并不通顺，没有比这个更好的词吗？伊东先生应该也是有先入为主的印象后，才开始用这个词吧。我们往往偏向于，在欧洲人或美国人所提出概念的基础之上，再进行思考。总之，"自组织系统"这个词我很不喜欢。

伊东

那您觉得有什么更好的词吗？

安田

我目前还没有想到更好的词，但是今天听到这个词的时候，我总觉得有更好的词可以代替它。

伊东

我认为在当今这个时代，已经不适合再讲是日本人的想法还是欧洲人的想法了，应该从全人类的角度出发来思考问题。不管是日本人的想法还是美国人的想法，只要能起作用的就是好想法。不管是哪个民族、哪个国家，不可能只有好的一面，也不可能只有坏的一面，因此我认为这个词汇没有问题。

确实，埃里克·詹奇（Erich Jantsch）也曾提出"自组织系统"的概念，这是他们经过深刻的根本性反思之后提出的，并非要强行灌输欧洲的思想。因此，埃里克·詹奇也充分学习了东方文化，在其著作《自组织的宇宙观》中，他应用了老子、儒教和佛教的思想，指出欧洲的机械论思想是行不通的，必须通过东方的思想来进行思考，我十分赞同他的观点。

从全人类来看，如果大家能够提出不同的想法，那是极好的。但是迄今为止，我是第一个提出"创发自组织系统"这一观点的人，不管它变身为英语还是德语，只要具有说服力，我们就应该接受。

创新是很重要的，所以我们必须仔细思考这个观点。如果非要从创新的角度来讨论，那么我觉得"对称性自发破缺"并非物理概念，而可以作为一个自然观和世界观。还没有人提出过这样的观点，大家都是从物理学和生物学的角度进行论述，只有我将之从自然观和全新世界观的角度提出。

认同了以上观点之后，人类与自然之间的对立就不复存在了，人类与自然都是一个自组织系统，人类作为自然界发展的成果而出现，不存在对立，都是同一个系统的东西。但是迄今为止，包括笛卡尔在内的人都认为，人类是不同于其他生物的存在，将人类与自然对立看待。培根也提出，由于人类与自然是对立的，所以我们必须支配自然。人类本身就是自然的一部分，然而笛卡尔还提出了"理性能够独立于自然之外来看待自然"这样的观点着实奇怪。

安田

我一直在思考，在"自组织系统"一词传到日本之前，我们是不是已经意识到了它的存在？一旦将之称为"self-organization"，就变成欧洲创造出来的词。人们认为，第一个提出"self-organization"这个词的人，就是最初的提案者。

但是，我认为日本一直以来都有这种思考方式。

伊东

是的，因此我在阅读詹奇的著作时也产生了共鸣，但也并不是所有的欧洲人都赞同这个观点吧。

安田

并不是产生共鸣，而是伊东先生您一直也是这么认为的。

伊东

是的，和我一直以来思考的东西有契合的地方。我认为方才安田先生所提出的将"自组织系统"换一个表达方式，也并非不可。但是不管怎样，我们都应该创造出一个世界通用的概念，从这个角度出发的话，"自组织系统"这个词也并非不可。

以利他之心为基础创立新文明的时代已到来

甘利

伊东先生的发表十分震撼。人类的灭亡、文明的崩塌、如今社会制度的瓦解以及道德观、价值观的泯灭，程度是不同的。如果是人类的灭亡，那么涉及遗传基因与环境的适应问题，以 10 万年为一个时间跨度走向灭亡。现在的环境问题，可能会由于对地球环境的破坏，

50年、100年的时间就会造成十分严重的后果。加之如今文明对于不良欲望的无限追求,因此消灭这种文明是好事。如果人类完全没有好的欲望,反而不像人类,即使建立了能够实现自我控制欲望的类似机器人的社会群体,也是毫无价值的事情。

但是,如果最后所有的一切都消失,那么先前所提到的从宇宙到原子、遗传基因、再到人类和文明的宏伟发展历程,都将付之一炬。当然,像工业革命这种在非常脆弱的系统中创造出来的生产技术也将消失。但是,我认为人类还不至于到那种程度。因此,作为现在人类的一员,我们必须分阶段提出我们的建议,这才是我们有组织系统地进行讨论的关键,通过探讨,让该消亡的东西消亡。

稻盛

听了伊东先生的发言,我也在思考,近代文明只用了300年的时间,就将科学技术发展到了今天这个程度,打造了美好的物质文明社会,但是这个物质文明社会可能走向灭亡。仅在短暂的300年内,人类怀着无尽的欲望,不断发展着科学技术和其他技术。正如我在序言中提到的,人类的心中除了无尽的欲望,也有慈悲与博爱,既有利己之心,也可能有利他之心。

以利己之心为原动力,仅在300年内科学技术就打造了美好的物质文明社会。我想说的是,今后我们应以利他之心为原动力,即以慈悲待人、帮助他人和所有人共生共存的利他之心为原动力,创造新的文明。

伊东

我也认为应该要这样做。最终，我们需要考虑的是我们如何看待人类，以及人类与他者之间的关系。这个概念中的他者，可以是他人，也可以是自然、植物或动物。我们必须从根本性思考人类与以上他者之间的关系。

我觉得亚当·斯密关于"利己主义最终将变成利他主义"的观点存在根本性的错误，我不赞同类似"上帝无形之手"这类说法。

稻盛

这次的金融危机已经验证了亚当·斯密的观点并不通用。

伊东

我也觉得这类说法是错误的。大卫·休谟（David Hume）、托马斯·霍布斯（Thomas Hobbes）和笛卡尔的观点也是如此。他们认为，每个人都是一个原子，所有的原子结合便形成了社会。然而，自组织系统的发展是系统化的发展，是在人与自然的相互关联中发生系统性的变化。因此，刚才您所提的是一个很重要的问题。

简言之，就是我的同事保坂俊司所说的"自他等值"，可能不是那么好理解，其实就是"自己与他人是等值的"的意思。亚当·斯密用同情和共鸣来解释道德情感，加藤尚武认为这样的解释缺乏力度，道德情感不是这种程度能解释的问题，这其实是现代哲学中存在的最大问题。大家都读过伊曼努尔·列维纳斯（Emmanuel Levinas）的著作吧，他在书中写到自己为何包容他人，为何能爱护他人，由于他本身是犹太人也是犹太教徒。围绕这个问题，他对脸以及表情等方面都进行了分析。正如安田先生所说的，与其参考列维纳斯的研究，不如从自己的立场出发进行思考，或许能够获得更多的成果。如果研究列维纳斯，那么终其一生，也就停留在列维纳斯的研究成果上，我们应该从自己的立场出发，不分国籍，对于人类现在出现的问题进行思考。

"慈悲"是21世纪新文明的关键词

安田

我很久没有与伊东先生持对立的观点了。

伊东

我们的观点不存在根本上的对立。

安田

因为也很少能有机会与伊东先生探讨，所以今天我想多表达我的观点。稻盛先生方才提到"利他之心"和"慈悲之心"，欧洲有"爱"一词，但是没有

"慈悲"一词。我认为,我们现在所使用的"慈悲",正是21世纪新文明的关键词。

因此,我们不仅要将欧洲使用的"self-organization"重新翻译成自己的"自组织系统"来对新文明进行思考,更要从我们传统的"利他之心"和"慈悲之心"来思考,这是欧洲所缺失的。即使有爱也不一定有慈悲之心,我们要以慈悲之心为核心,对新文明进行思考,从而创建与近代欧洲文明不同的新文明。如果仅是把罗马字改成日文,那不管我们怎么思考,都无法创建新的文明。

伊东

安田先生,我的意思并非只是把罗马字翻译成日文,比如宇宙历史的发展,刚才松井先生也说了,目前还没有人对此做出结论性的总结。

对于生命的发展也是,还没有人做出总结,但是有很多人提出反对的意见,比如"这在自然科学领域也还没有定论""氨基酸是如何变成蛋白质的呢""这样是否不符合逻辑"等这类的反论。但是,以这样的方式来思考问题的人,目前就我一个。

我所说的这些并非要为自己辩解。罗伯特·哈森(Robert M.Hazen)在他的著作 *Genesis* 中提到"对于生命起源的科学探究",但这并不意味着他的观点与我一致。他所说的是"构成生命最基本的物质是什么"这一问题,属于合成生物学的范畴,只是为了跟风而做的研究。但是,这完全不是我的目的,这种研究是毫无意义可言的，因为生命早就已经存在。因此，对于哈森的观点，我只是引用，并不代表我赞同。

问题不在于"自组织系统"这个词，而是这个词所包含的内容。

安田

在这一点上，我觉得松井先生应该跟我意见一致。有一点我想请教一下松井先生，您身处东京大学的复杂系统中，是否也只是将伊利亚·普里高津（Iiya Prigogine）的观点翻译过来呢？

松井

复杂系统只是针对简单系统而言，并非直接将普里高津的观点翻译过来。系统化的东西过于复杂，因此无法用简单的因果关系来说明。

稻盛

先前我已经提到，在不到300年的时间里，人类以自身欲望为原动力，发展出了近代科学技术，创造了如今这个物质文明发达的社会。今后，我们应该以利他之心为原动力，创造全新的文明。人类的心中确实是存在欲望的，比如对于美食的欲望，这种欲望得到满足之后会产生十分美好的快感。当人们在做帮助他人、友好待人等利他之事时，也会产生快感。欲望得到满足所产生的快感与利他之心得到满足产生的快感完全不同，利他之心的快感更为高级，更能让人感到快乐。我的建议是，今后我们应该以这种利他之心为原动力，发展新的科学技术。而且我认为，我们能得出好的结论。

伊东

正如您所言，我觉得这是"生存意义"的问题，利他性是有意义的，是一个人生存的根本能量，当然是十分重要的。但是，利他之心现在在日本人的心中渐渐消失了。和安田先生提到的"慈悲之心"一样，我认为慈悲是创建新文明的基础。

为何安田先生会拥抱大树？您为了倾听树的声音而拥抱大树的场面十分感人。为何您会有这样的举动？这是由于树与人根源的同一性。因此，将人类放在自然的历史中进行思考，便能发现人类是自然的一部分。

最后，我想总结三个观点。

第一，认识到人类是自然的一部分，能帮助人类消除对于自然的偏见。很多人都在讲"人与自然"或者"征服自然"之类的话，但是日本人基本上不说。在欧洲和美国社会，至今还有人强烈提出这样的观点，但是他们也开始在反省，所以并非没有出路。我认为，我已经为他们开辟了合作的道路了。

第二，"精神与物质"的对立，这也是饱受争议的话题。黑格尔等人已经提出，两者并非对立的，内心意识与精神也具有创发性。

第三，"宗教与科学"的关系，两者是否也是对立的呢？从迄今为止的研究可以看出，两者并不是对立的概念，我们应该重新审视我们对于神明的看法。正如我先前所述，推动自组织系统运转的力量简直就是一个奇迹，正是因为存在这样的力量，所以即使耶稣不去创造奇迹，世上也会有奇迹发生。这样看来，宗教与科学并不矛盾。我认为，我们的观念也许能够根本性改变。

对于利他之爱的无限自我满足感

大桥

关于稻盛先生所提到的利他性的快感，我们已经开始启动研究，争取使之在某种程度上具有合理性，也有了很好的研究素材。如果甘利先生能够再助一臂之力，那这个观点将十分具有说服力。

比如，对于产生快感的大脑结构，在第2章的讨论中伊东先生为我们介绍的"besoin"和"desir"，对此我们已经在大脑中进行了结构性的阶段化研究。实际上，在脑干上布满了多巴胺神经，这是能够使人们感受到更高层次快感的神经回路。

在20世纪中期，美国心理学家马斯洛（Abraham Harold Maslow）根据经验提出了"需求层次论"：孩提时期的需求主要集中在食物，动物需求的基础是食物和性，即所谓的生理需求。一旦以上基本需求得到满足，就会产生对于安全的需求。通过实验已证实，如果安全需求得不到满足，生物也不会产生重视生命的想法，只会停留在获取食物的需求上。一旦安全需求得到满足，就会衍生建立家庭这种对归属感和爱情的需求，之后是对名誉的需求。人们的需求具有层次化的特征，而处于这个模型最上方的"实现自我的需求"是最难控制的，即想为这个世界和人类做出贡献。一旦实现了自己的价值，那么即使对于自身的存续及繁殖毫无益处可言，也能感受到快感。而且，处于最上位的"实现自我的需求"和处于下面的其他需求不一样，并非得到满足就够了，而是会不断扩大。以上就是马斯洛需求层次论，这一理论很难被欧洲主流思想所接受。

以上这种现象，是多巴胺神经相关的利他性大脑功能发挥作用，由于自动受体的参与，使得快感得以满足。食物与性也如此，一旦得到满足就不会再产生欲望。而最高尚的"真善美"与对"利他之爱"的自我满足感是最难控制的回路。利他之爱是无止境的，稻盛先生已经进入了利他之爱的循环之中。从我们所掌握的与快感相关的脑科学知识来说，这是最高的生存意义，目前还未找到超越这种利他之爱快感的东西。从这个角度出发，我们可以说，先感受一下利他之爱的快感之后，再探讨问题。首先，成为能够激活利他之爱这一最高层次的欲望和快感回路的人，自身体验这种快感之后，再来发表对欲望的意见。

本次研讨会有许多权威的专家学者参与，希望我们都能尽全力投入到欲望的探讨中，也希望安田先生能够一起参与。

伊东

帮助他人也能给自己带来快乐。这种快乐是十分难得的，没有一种快乐可以超越帮助他人所获得的快乐，这种快乐也无法在获取美味的食物这件事中感受到，问题在于生存的意义。

过去我曾认为，像稻盛先生这样的公司负责人，一定只考虑欲望和利益，但是能够举办这样的研讨会，就说明稻盛先生并非这样的人。而且，稻盛先生还出席了研讨会，这是十分了不起的事情。有些人可能只会停留在嘴上，并不会去思考，但是稻盛先生还参与到我们的探讨之中。我认为，我们的探讨与之后资本主义的存在形式息息相关，如果今后的资本主义还是以现有的方式发展，那肯定是不行的。

稻盛

因此，我们要从这个角度出发，如果我们的研讨能涉及"今后的资本主义应该如何发展"这个课题的话，将会对这个社会产生非常大的冲击作用。

第 6 章
危机时代促使新的文明原理诞生

/安田喜宪

能否创建新的文明原理

文明原理的含义

文明有其原理，伊东俊太郎将之称为"文明的精神"。

文明原理会随着时代的发展需求而发生变化，有时被我们忽视的周边文明往往成为主导人类历史的文明原理。

因此，我无法赞同那些将文明分为中心文明和周边文明，甚至分为文明与未开化的文化论观点。

任何一种文明原理，都存在于某个时代主导人类文明史发展的可能性。

曾经被视为中心文明的文明，随时可能沦落为周边文明，这是文明崩塌的原始规律。世上不存在永不泯灭的文明，任何文明都终将走向灭亡。这是因为，主导人类历史的文明原理总会有不适应人类发展需求的时候。

文明原理开始退出历史舞台的契机正是地球环境的变化。

而且，讴歌繁荣的文明，会因为促使该文明繁荣的文明原理而最终走向崩塌，文明发展的原理同时也是致使文明崩塌的原理。

这是因为，人类无法轻易改变促使文明走向繁荣的原理，往往会执着于引导该文明实现繁荣的原理，无法轻易放弃。因此，所有文明都会在其原理不再符合时代精神和人类发展需求时走向瓦解。

我认为，区分未开化与文明的文明论观点是十分荒谬的。拥有上述观点的人，不会放低姿态去学习被他们视为未开化的少数民族的文化及绳文文化，从而在这些文明中找到开创人类未来的新文明原理。另外我认为，在绳文文化中也存在文明原理，而能够取代日渐没落的近代文明，重新主导人类文明史的文明原理就隐藏其中。

莱比斯·特罗斯和阿诺德·汤因比和我的观点一致，欧洲受阶级主导的世界观将未开化与文明、中心文明与周边文明区分对待，而特罗斯和汤因比看到了立足于这种世界观的科学的局限性之所在。也正是因此，欧洲学界对汤因比的文明论进行了强烈的抨击。

汤因比理想中的文明，是像日本那样，受阶级主导的自然观和世界观毒害较少的文明。

在近代欧洲文明繁荣的背景下，莱比斯·特罗斯和阿诺德·汤因比都发现了被打上未开化和野蛮烙印的少数民族的文明和文化中，存在可以创造全新人类文明史的文明原理。

伊东俊太郎指出，科学革命之后的人类文明史，是受近代欧洲文明的文明原理所主导的文明史，对于比较文明论的论述，也是基于欧洲阶级主导的世界观。

巴格比的文明论，将中心文明与周边文明、大文明与小文明，以及未开化与文明区别对待，他的这一文明论在日本比较文明学会中广受争论。但是，这种比较文明论只是在近代欧洲阶级主导的世界观基础上形成的文明论的延展而已。

不只是比较文明论，明治之后日本大部分科学的发展都是如此。倡导比较文明论的大部分都是基督教教徒，从这个现象我们可以得知，迄今为止日本文明论不过是模仿和翻译西方文明的观点。

世界在近代欧洲文明的文明原理的影响下，大力讴歌繁荣，但不能因此就认为那是比较文明论的王道。

市场原教旨主义以解放人类的欲望为核心，放弃对过去的感恩和对未来的责任。当这一原理在欧洲文明中诞生，并成为主导近代欧洲文明发展的文明原理时，这就意味着，近代欧洲文明原理不再是引导人类文明史发展的文明原理了。

以满足金钱欲望为核心的文明原理，破坏了生命的连续性，剥夺了地球上生物的生命，拉大了弱者与强者之间的距离，丧失了对自然遭受破坏的悲悯之心，甚至失去了伦理规范，开始压榨人类同胞。

对于市场原教旨主义的霸行，许多有识之士也开始发出警告。但是，将市场原教旨主义视为自己的文明原理并以此控制世界的美国，还一直坚守这一文明原理。

文明最终会因为促使文明走向繁荣的文明原理而走向灭亡，这也将成为人类文明史的定律，最终会将人类推向无底深渊。美国文明的崩塌会对人类产生巨大的影响。

危机时代将催生新的文明原理

当某个席卷世界的文明原理崩塌之后，在世界上找到另一个文明原理并在这个原理趋于稳定之前，人类必须体验生存的危机，那将会是一个极其残酷和黑暗的世界。

例如，在人类从狩猎采集社会过渡到农耕社会的时代，正是人类文明史上最危险的时代。这一转变的契机正是地球环境发生变动，从冰河时代变换到后冰期的时代。

从20万年前诞生到1.5万年前面临危机为止，晚期智人大约有19万年的时间是生存于狩猎采集社会之中的。但是，在冰河时代结束之后，随着被称为后冰期的地球气候变暖时代的来临，作为食物来源的大型哺乳类动物逐渐消失，人类面临着粮食短缺的危机。

从对西亚遗址的调查结果来看，在粮食短缺危机时期，人类开始采集所有看起来能成为食物的东西，在这个时期，人口数量也急剧下降。石弘之指出，由于这次粮食危机，世界人口可能下降到了只剩下数千人。

在粮食短缺危机的背景下，人类开始种植野生小麦和水稻。在我的拙著《稻作渔捞文明》一书中，有对这一进程的详细说明。这个时期，延续了18万多年的文明原理崩塌，从旧文明转移到以农耕为基础的新文明的过程，对于人类来说是最大的危机。

松井孝典提出，随着农耕的发展，人类圈得以形成。但是，在人类圈形成之前，人类经历了生存的痛苦，甚至面临灭亡的危险。

随着农耕社会的发展，城市开始形成，这个时代是文明诞生的时代，同时也是危机四伏的时代。这次危机也是由于地球环境变化引起的。

6200年前，被称为"气候适宜期"（climate optimum）的地球气候温暖化时代结束了，地球进入寒冷时代，特别是处于中纬度地区的大河流域，气候寒冷且干燥。在5700年前，西亚地区气候寒冷干燥的特征就已十分明显。

撒哈拉沙漠在这之前还是一片绿色的草原，人类也居住于此，但是在这个时期之后，由于气候干燥，沙漠化不断加剧。

由于气候干燥而失去原居住地的人类沦为环境难民，最终为寻找水源聚居在大河流域。原本聚居在大河流域的是农耕民，现如今聚居于此的变成畜牧民，大河流域周边聚集的人口，以及畜牧民族与农耕民族之间文化的融合，促进了城市文明的诞生。在环境难民集中于大河流域，人类面临混乱的危机背景下，人类创造了全新的城市文明时代。

但是，古代城市文明面临崩塌的危机也是因为气候寒冷化和干燥化，4200年前，气候比现在的寒冷干燥程度更为严重，而这个气候恶劣时期持续了200年，一直到4000年前。

在这200年间，古代美索不达米亚文明、埃及古王国时代和长江文明都走向了灭亡（详见拙著《大河文明的诞生》一书），在干旱和气候恶化的影响下，埃及发生了大饥荒，甚至出现了吃自己孩子的事件。

在4000~4200年前的200年间属于黑暗时代，古代文明在适应了气候干燥化之后得以发展，却又面临更为严重的气候干燥而最终走向灭亡。这一事实也说明了"促使文明发展的因素也是导致文明崩塌的因素"。

在3500年前，气候又面临着新一轮的寒冷化和干燥化。3200年前，气候寒冷干燥情况达到了最为严重的程度。伊东俊太郎所提出的"精神革命时代"，正是在因气候恶化引发社会混乱的背景下诞生的。

在3200~3500年前，埃及、以色列、黎巴嫩和叙利亚等地因气候恶化发生了严重的干旱。从图6-1可看出，在这个时期，死海的水位也下降了50米左右。疾病的爆发使埃及王国时代的文明面临危机。

在社会处于混乱状态的情况下，被囚禁于埃及的希伯来人回到了巴勒斯坦，这就是摩西提出的"逃离埃及"。

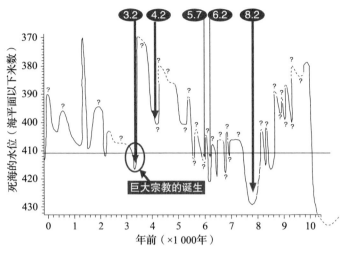

图 6-1　巨大宗教的诞生和气候变化

而后,摩西在迦南的山中得到神灵的指引之后,创立了一神教。

在此之前,世界还是多神教的世界。当然,也已有一神教存在,比如信奉太阳神的埃及一神教,但是其产生的社会背景是埃及的多神教社会。

在3200~3500年前,在由于气候恶化引起的社会混乱背景下,诞生了对今后的人类文明史产生巨大影响的一神教。

另外,17世纪的科学革命,也是在小冰期气候恶化的背景下,欧洲面临饥荒与鼠疫的危机之下发生的,由此孕育了近代欧洲文明。

培根提出"征服自然、构建人类自己的王国",笛卡尔提出"将自然看作机械",在这个特定的时期,在这些思想的基础上诞

第 6 章　危机时代促使新的文明原理诞生 | 279

生了近代欧洲文明。这一文明原理对于压榨自然毫无责任感和愧疚感。

最终，近代欧洲文明催生了工业革命，工业革命通过对地上甚至是地下资源进行掠取，实现了未曾有过的飞速发展。

人类能否构筑新的文明原理

一直以来，人类都主宰着自然，剥夺其他生物的生命，只考虑自身的幸福，但在进入21世纪之后，人类的上述罪行终于得到了报应：人口激增、环境恶化和过度使用化石燃料引发地球气候变暖的问题。

迄今为止，促使人类文明原理发生转变，都是以由于气候变化等地球环境变动所引发的危机为契机的，人类在危机中摸索出全新的文明原理，创造出全新的时代。

由于地球环境的大变动，延续至今的文明原理已不再发挥作用，这时放弃旧的文明原理，重新构筑新的文明原理就显得尤为必要了。

人类对于因地球环境变动而引发的危机，都通过引入全新的文明原理巧妙地进行解决，从而构筑了文明的新时代。

如今，主导地球的现代文明，也因地球环境的变化，面临重重危机。

但是，引发现代文明危机的地球环境变化，是人类自己制造的环境问题,在这一点上与引发过去文明发生转变的地球环境变化有本质上的不同。

因为是自身引发的地球环境变化,其性质与迄今为止人类的力量无法左右的自然变化引发的危机不同。但是,只要发挥人类的聪明才智,就可以克服这个危机,而且这个危机比人类史上出现过的危机都更容易克服。

但是,现实并非如此乐观。人类的欲望阻止了人类克服危机的步伐,但同时欲望又是人类生存下去的力量之源。所以,我们很有必要抑制欲望这一人类生存的力量之源。

而且,人类还掌握着瞬间能使几亿人丧失生命的核武器,在这个危机四伏的时代,无法控制自身欲望的人,可能就会发动核战争。

伊东俊太郎在本书第5章中指出,人类最后可能会毁于自己亲手创造出来的"黑色科学"。

核战争会破坏人类在地球上存续的最低条件——"生命的连续性",而一旦破坏了地球上生物的DNA,人类的生存也将成为问题。

接下来人类要做的是,在对抗因地球气候变暖而引发的巨大自然灾害的同时,也要对抗人类自身创造的"黑色科学"——核威胁。

迄今为止,引发文明原理变化的地球环境变化,都是因自然原因引起的气候变化所造成的。但是,21世纪的地球环境变化,是人类自身造成的。因此,很多人认为人类很容易就能够创建新的文明原理，来克服这次危机。

但是，人类的欲望阻碍了人类前进的步伐，现在人类已经开始质疑曾经坚信可以给人类带来幸福的科学了。

只有当人类陷入从未有过的巨大危机时，才会考虑放弃衍生自近代科学技术文明原理的欲望。

历史上多次由地球环境变化而引发的危机已证明，要想使人类满足于全新的文明原理之下的欲望，并能够遵从它，就必须爆发一次从未有过的大危机。

我认为，"地球环境变化引发的危机肯定会重复出现"，这是一般规律，人类要想建立全新的文明原理，就必须遭遇一次大危机。

但是，如果这个大危机是"黑色科学"和核战争带来的，那人类将走向灭亡。

科学技术带动了近代科学技术文明的发展，但是，一旦将通过科学技术研发出的核武器投入使用，很有可能会切断"生命的连续性"。从这一点上来看，21 世纪的危机将是迄今为止人类从未遭遇过的重大危机。"文明的崩塌是源于促使它走向繁荣的文明原理"，现在看来，不只会带来文明的崩塌，也可能带来人类的灭亡。

在这样一个危机时代，人类是否能和以前一样，通过创造全新的文明原理，从而克服这个危机，开创全新的文明时代？人类是否能构筑像大桥力在第 4 章中所提到的利他性遗传基因主导的生命文明时代？

人类能否避免重大纷争

非洲的现状将是未来地球的模样

复活节岛（Eaater）是位于南太平洋上的一座孤岛。公元 5 世纪，从西方来的波利尼西亚人最早开始定居于此。公元 9 世纪，波利尼西亚人开始建造摩艾石像，我们在岛上一个叫作拉努拉拉库（Rano Raraku）的地方发现了美丽的年缟堆积物。

通过对年缟堆积物上残留的花粉进行分析，我们发现，复活节岛过去曾被一种称为智利酒棕榈的巨型椰子树所覆盖。然而到了 12 世纪，由于大规模的环境破坏，拉努拉拉库的周边环境发生了巨大变化，因此就没有年缟的堆积物了。

这可能是因为，为了建造摩艾石像，在拉努拉拉库生存的人类大规模开发采石场造成的。如图 6-2 所示，一直到 17 世纪，人类还在不断建造摩艾石像。

复活节岛上的人口数量最多的时候有 2 万多人，最少的时候也达到了 1 万人。

但是，紧接着就出现了文明崩塌这种悲惨的结局。

建造摩艾石像需要土木材料，建造房屋需要建筑材料，另外，扩大种植香蕉和芋头等粮食的耕地面积，也需要砍伐椰子林。如此一来，随着椰子林的消失，小冰期的气候恶化也开始侵袭这个小岛。

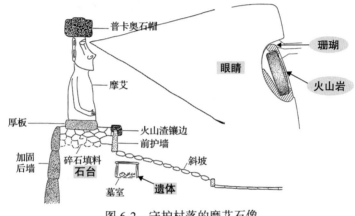

图 6-2　守护村落的摩艾石像

资料来源：Bahn and Flenley, 1992.

复活节岛与冲绳位于南半球同一纬度上，这个纬度上的地区，降雨通常为集中性暴雨，暴雨侵袭失去森林覆盖后裸露的地面，冲刷掉地表肥沃的土壤。由于复活节岛所处的地理位置不会刮来沙尘，因此一旦土壤养分消耗就得不到其他地方刮来的沙尘进行补充，难以恢复。而且复活节岛的山势较低，一旦遭遇强风，地表的土壤也会被风刮走。

可以为种植芋头和香蕉提供肥沃养料的土壤逐渐流失，这个小岛突然遭遇了食粮短缺问题。另外，由于乱砍滥伐，岛上已没有可以用来建造大型船只的木材，因此无法出海捕鱼，也无法从岛上驾船逃离。

复活节岛上各个部落的酋长生前都会命人按照自己的模样建造石像，因此才有了众多摩艾石像。酋长死后，位于拉努拉拉库的石像就会被搬到部落村落的某个海岸边，放置在石台上守护村民。

当摩艾石像被放置到石台上的时候，会为石像镶嵌上眼睛。瞳孔是由复活节岛开采出来的火山岩做成的，眼白是由极其珍贵的珊瑚制作而成。岛民认为，一旦石像有眼睛之后，就被赋予了生命。

但是，失去森林的小岛开始面临粮食危机，部落之间的纷争也日渐白热化，互相推倒被视为各自部落象征的摩艾石像，纷争不断。当时，据说人们惧怕石像的眼睛，除了个别人外，都是往前推倒石像。

紧接着，部落之间的斗争上升到了吃对方部落孩子的程度，岛民害怕遭受攻击，纷纷住进用坚硬的石墙围起来的屋子里，只留一个小入口。

如上所述，在遭遇粮食短缺危机时，人类甚至开始吃孩子。从对古埃及国王的记录材料中我们可以知道，在4200年前埃及古王国末期，人类在面临由于气候变化引发的危机时，也曾吃过孩子。

而后，复活节岛的岛民不再信奉摩艾石像，开始信仰"鸟人"，也随之诞生了十分奇妙的社会组织方式。每年，当岛民重要的蛋白质来源——信天翁飞来之时，每个部落会推选一名选手顺崖下海，第一个找到鸟蛋的年轻人便成为下一任酋长。悬崖十分陡峭，小岛的周围又是太平洋的惊涛骇浪。

在复活节岛这座位于南太平洋的孤岛上，人口的增长超过了小岛的负荷，一旦森林遭受破坏，岛民就要面临饥荒。从图 6-3 可以看出，这个时期，人口由最初的 1 万人骤减至不到 200 人。

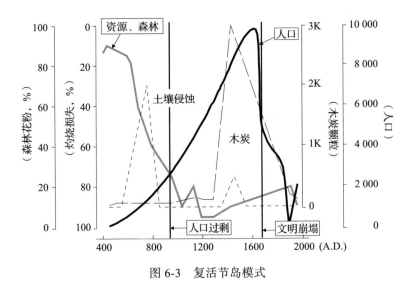

图 6-3　复活节岛模式

资料来源：Bahn and Flenley, 1992.

300 多年后，17 世纪发生于复活节岛的悲剧又在整个非洲大陆上演。

令我印象最深刻的一句话是石弘之先生在第 2 章中提到的"非洲的现状预示着地球的未来"。一个人所消耗的能量等同于一头大象，到了 2050 年，地球上就会出现 100 亿头大象。

非洲开始疲软，并出现一系列问题，侵袭着非洲人的未来。

先是传统文化和生活方式遭到破坏，而后战争爆发、环境遭到破坏、土壤贫瘠化、粮食匮乏、饥荒、难民出现、瘟疫频发，最后人类大量死亡，非洲的现状预示着人类的未来。

非洲的现状就是地球 2050 年的模样，如今发生在非洲的所有问题，都是 2050 年生活在地球上的全人类不得不体验的未来。

迄今为止，我都是将复活节岛作为地球未来的缩影进行研究的，但是进入 21 世纪后，研究对象要转变为整个非洲。恐怕到 2050 年，地球全体人类都将体验到崩塌的现实。

地球上是否会发生超级纷争

雅克·阿塔利曾指出，由于地球环境问题的恶化，到 2050 年左右，地球将爆发超级纷争。

围绕能源和水资源的纷争日益激化，人类社会将爆发从未经历过的超级纷争。

另外，雅克·阿塔利还提到，超级纷争结束之后，利他主义者将登上历史舞台，人类最终发现基于利他之心和慈悲之心的全新的文明原理，从而迈进超民主主义的时代。

但是，毫无意外，超级纷争会使用从未使用过的超级武器，比如核武器。到那时，还有谁能得以存活？即便存活下来，放射性污染破坏地球上所有生物的"生命的连续性"，可能会出现如地狱般恐怖的情景。

超级纷争爆发之后,再意识到利他之心和悲悯之心的重要性已为时已晚。

稻盛和夫先生曾说过:"我们有必要构筑基于利他之心的新的文明原理。"利他之心和悲悯之心并非人类首次提出。

在东方的稻作渔捞文明以及诞生于这一文明基础上的佛教、道教甚至神道教的思想中,就已拥有利他之心和慈悲之心,这一文明原理已有2000年以上的历史,只是西方农耕畜牧文明世界以及信奉一神教的人们不知道而已。

如果东方文明成为主导世界的文明原理,那么人类不用体验超级纷争的危机,就能开创新的文明时代。这恐怕比人类从狩猎采集型社会转变为农耕社会,继而诞生都市文明和发动精神革命与工业革命都更加容易吧。

人类完全没有必要创造全新的文明原理,只要人类意识到东方的稻作渔捞文明原理的重要性,人类就能避免经历超级纷争,渡过这个危机。

那么,如何能使基于利他之心和慈悲之心的文明原理在全世界普及呢?这个文明原理是否能改变人们的内心意识?答案应该只有东方的稻作渔捞民族才知道。从现在开始也为时不晚,我们东方的稻作渔捞民族必须认真摸索,采取行动寻找解决这个危机的方法与对策。

依旧期待复活之日的人们

人类在破坏环境的同时,也破坏了人类的心灵以及人类生存的根本，在环境遭受破坏之后的纷争时代，定会出现与以往不同的宗教。

在明治维新以及第二次世界大战失败之后，多神教的日本面临危机，人们纷纷信奉一神教，这是时代面临危机的一种表现。从基督教在多神教的日本盛行一时我们可以看出，多神教的日本的文明原理面临危机。

在面临危机的时代会出现新的宗教，正如复活节岛居民从信奉摩艾石像转为信奉鸟人一样。明治维新以及第二次世界大战失败之后，出现了新兴宗教，它们在危机时期拯救了人们。

但是，从基督教传教的方式我们可以看出，这个危机不至于从根本上毁坏日本的文明原理。

新兴宗教的出现只是战后一个时期内社会世态的反映而已，社会精英阶层敏感地感觉到西方文明的优越性，纷纷开始信仰构成西方文明根基的基督教。

明治维新之后，转信基督教的大多数日本人都是知识分子或是富裕阶层的人，这在基督教的历史上也属于特例。

原本基督教是穷人和受剥削的人所信奉的宗教，在日本，对基督教的信仰与对西方文明的崇拜相结合，基督教最终变成了知识分子信仰的宗教。所以，与其说是一种宗教，倒不如说是崇拜西方文明的一场文化运动更为贴切。

因此，日本大部分信奉基督教的人，并非从心底真正信奉一神教，很多人其实是信奉多神教的，这只是一场歌颂西方文明的文化运动。更极端地说，这只是一股潮流。

在日本，基督教之所以未能普及，可能正是因为转信基督教只是一场文化运动，而并非宗教运动。

与此相反，立足于日本传统文化，主张多神教重要性的新兴宗教，反而能得到人们的共鸣，成为人们的信仰。在迄今为止的所有危机时代中，能引发日本人共鸣的还是多神教。

当人类由于核战争而面临灭绝的危机时，更多的日本人才会转而信奉一神教，而不是信奉多神教，这对于基督教徒来说，是翘首以盼的复活之日。

雅克·阿塔利十分平静地将超级纷争的到来写入对人类未来的预测中，他内心应该有对"世界末日"的预示，也有对"复活之日"的期盼。但是，那将是如地狱般恐怖的世界。

东方思想为了避免超级纷争的发生，一直倡导利他之心与慈悲之心，对于东方人来说，完全无法想象超级纷争的发生将会带来什么样的后果。

对于东方人来说，最希望看到的就是，一切生命都能存活，可以在这个世上生活千年万年。

松井长庆曾推介过弘法大师空海的著作《性灵集》中的一段内容：小鸟歌唱，灵猴跳跃，春花娇媚，秋菊幽芳，日月同辉，微风轻拂，忘却世间一切，实乃快乐之至也。这正是东方稻作渔捞文明社会的理想生活，置身于美丽的自然风光之中，与一切生物共存，这才是最美妙的人生。

如果超级纷争真的发生了，将破坏地球经过38亿年建立起来的"生命的连续性"。我认为，能够平静地预示超级纷争的发生、心底隐藏着人类即将走向灭亡的思想最应该遭到批判。

参考文献

[1] 伊东俊太郎.《比较文明》,东京大学出版会;1985年/《比较文明与日本》,中公丛书,1990年(后收录于《伊东俊太郎作品集(全12卷)》,丽泽大学出版会,2008-2010年)。

[2] 克洛德·施特劳斯(Claude Levi-Strauss).《野性思维》(大桥保夫译),三铃书房,1976年。

[3] 阿诺德·约瑟夫·汤因比(Arnold Joseph Toynbee).《历史的研究》,经济往来社,1969年。

[4] 菲利普·巴格比(Philip Bagby).《文化与历史:文明的比较研究导论》,创文社,1976年。

[5] 外村直彦.《八人文明》,朝日出版社,2008年。

[6] 石弘之、安田喜宪、汤浅赳夫.《环境与文明的世界史:通过环境史学习人类史20万年的兴亡》,洋泉社新书,2001年。

[7] 安田喜宪.《稻作渔捞文明:从长江文明到弥生文化》,雄山阁,2009年。

[8] 松井孝典.《地球系统的崩塌》,新潮选书,2007年。

[9] 安田喜宪.《大河文明的诞生》,角川书店,2000年。

[10] Fukusawa, H., et al., "Did climatic changes have a dramatic effect on the Easter Island civilization?" Monsoon, vol 6. 2005.

[11] Bahn, P., and J. Flenley, Easter Island, Earth Island, Thames and Hudson Ltd, London, 1992.

Flenley, J. and P. Bahn, The Enigmas of Easter Island, Oxford University Press, NY, 2001.

[12] 石弘之.《乞力马扎罗山的雪正在消失:非洲环境报告》,岩波新书,2002年.

[13] 安田喜宪.《日本这个森林环境国家),中公丛书,2002年。

[14] 雅克·阿塔利（Jacques Attali）,《21世纪的历史：未来人类眼中的世界》(林昌宏译),作品社,2008年。

[15] 稻盛和夫.《活法》,SUNMARK出版社,2004年/《活用人才：经营实学问答》,日本经济新闻出版社,2008年。

[16] 松长有庆.《存活于大宇宙之中：空海》,中公文库,2000年。

结束语 从"增长的极限"到"生存的极限"

21世纪的世界面临着地球环境问题、民族纷争，以及粮食、水、能源资源短缺的危机。21世纪是危机四伏的时代，人类面临着"生存的极限"问题。

20世纪70年代，罗马俱乐部（Club of Rome）曾提出"增长的极限"[一]这一概念。进入21世纪后，我们必须将战略目标转移到"生存的极限"上来。现在，人类面临的问题开始从"增长的极限"转为"生存的极限"。

为了继续在地球上生存，人类应该采取怎样的措施？探索解决上述问题的方案与对策，构筑新的人类文明的未来，已经成为十分紧迫的任务。

特别是，科学技术的发展与人类精神层面的发展不均衡所造成的环境与文明的危机，影响着人类未来的生存。21世纪，人类所面临的环境与文明的危机，也是历史与文明的危机、社会与文化的危机、政治与经济的危机，以及人类心理的危机。

21世纪，文明战略与环境战略将影响一国命脉，甚至影响地球与人类的命运。错误的文明战略与环境战略，将会导致经济和社会政治

[一] 出自德内拉·梅多斯等人的著作《增长的极限：罗马俱乐部"人类的危机"研究报告》，日本大宝石出版社，1972年。——译者注

体系的衰退与混乱，最终走向崩塌。

稻盛财团于 2008 年成立了环境文明伦理研究中心，旨在培养科学技术与精神层面平衡发展的人才，并通过探索 21 世纪的新伦理，构筑持续的、可循环发展的文明。我们的目标是成为世界上最高级的环境与文明研究中心。

作为研究所的所长，我和两位十分优秀的年轻搭档，共同致力于研究所的管理和研究工作，她们一位是毕业于美国哈佛大学的我喜屋真理子女士，另一位是毕业于英国约克大学的佐藤真弓女士。第一阶段，我们邀请了日本学界具有代表性的研究者，将课题分为 A 环境部分（研究历史和环境）、B 文明部分（研究人口、粮食、能源资源和产业经济）、C 伦理部分（研究伦理、道德和教育）三个部分，开展了共同研究。稻盛和夫先生也会出席每次的研讨会，并参与到激烈的讨论中。

本书是 A 环境部分在 2008～2009 年的部分研究成果，本书传达了所有研究者对于地球与人类未来的热切关注和危机感。

在此，我想对在百忙之中前来参加研讨会并支持稻盛和夫先生和我的想法的诸位研究者表示衷心的感谢。同时，向为研讨会的发展贡献巨大力量的以稻盛丰实先生、奥野干夫先生以及以忽那武范式为代表的稻盛财团的所有工作人员表示衷心的感谢。

稻盛财团

环境文明伦理研究所所长 安田喜宪

撰稿人简介
稻盛和夫（主编）

村上和雄（Kazuo Murakami）第 1、6、8 章

1936 年出生于奈良县。京都大学研究生院农学研究科博士课程攻读完毕。曾先后担任京都大学农学部助手、范德堡大学医学部副教授、筑波大学应用生物化学系教授等职位，现为筑波大学名誉教授、财团法人国际科学振兴财团理事。研究领域为生物化学、分子生物学。曾荣获马克思·普朗克奖（Max Planck）大奖、日本学士院奖等奖项。主要著作有《开启状态的生活㊀》(致知出版社)，《生命的暗号》《人生的暗号》㊁（均由 Sunmark 出版）等。

中西重忠（Shigetada Nakanishi）第 2、9 章

1942 年出生于岐阜县。毕业于京都大学医学部，京都大学研究生院医科研究科。曾先后担任美国国立卫生研究院（NIH）、美国国家癌症研究所（NCI）、分子生物学教室客座研究员、京都大学医学部教授、京都大学医学部主任等职位，现为财团法人大阪生物科学研究所所长。研究领域为生物化学、分子生物学、神经科学。担任日本生物

㊀ 原题目是《スイッチ・オンの生き方》。
㊁ 原题目分别是《生命の暗号》、《人生の暗号》。

化学学会会长、日本分子生物会评论员等职位。曾荣获朝日奖、武田医学奖、中日文化奖、勃林格殷格翰研究员奖、恩赐奖·日本学士院奖等奖项。

加藤尚武（Hisatake Kato）第 3、7 章

1937 年出生于东京。毕业于东京大学文学部，曾攻读东京大学研究生院文学研究科哲学专业博士课程，中途退学。曾先后担任东北大学副教授、京都大学教授，现为京都大学名誉教授、岛取环境大学名誉校长。担任日本哲学会会长等职务，因被誉为日本环境伦理学、应用伦理学第一人而为大众熟知。曾荣获山崎正一奖、和辻哲郎文化奖、紫绶褒章。主要著作有《黑格尔哲学的形成与原理㊀》（未来社）、《新版环境伦理学的进展㊁》（丸善图书馆）等。

鹫田清一（Kiyokazu Washida）第 4 章

1949 年出生于京都。京都大学研究生院文学研究科博士课程攻读完毕。曾任大阪大学教授等职位，现为大阪大学校长。研究领域是哲学、伦理学。正努力发展"临床哲学"项目。所谓"临床医学"，即立足于社会百态，在对话中与他人共同思考的哲学，而非研究哲学史。曾荣获三得利学艺奖、桑原武夫学艺奖、紫绶褒章。主要著作有《现象学的视线㊂》（讲谈社学术文库）、《时尚迷宫㊃》（筑摩学艺文库）、《'听'的力量㊄》（阪急 Communications）等。

卡尔·贝克尔（Carl Becker）第 5、10 章

1951 年出生于美国。获得夏威夷大学博士学位。曾先后担任大阪大学讲师、夏威夷大学副教授等职位，现为京都大学心之未来研究

㊀ 原题目是《ヘーゲル哲学の形成と原理》。
㊁ 原题目是《新·環境倫理学のすすめ》。
㊂ 原题目是《現象学の視線》。
㊃ 原题目是《モードの迷宮》。
㊄ 原题目是《「聴く」ことの力》。

中心教授、京都大学大学院人类·环境学研究科教授。研究领域是临终关怀、医疗伦理、生死学、宗教心理。担任 Journal of Near-Death Studies、Mortality 编辑委员。主要著作有《死之体验》《思考生与死的护理》㊀（均由法藏馆出版）、《如何面对所爱之人的死亡㊁》（晃洋书房）等。

安田喜宪（Yoshinori Yasuda）第 11 章

1946 年出生于三重县。毕业于东北大学研究生院理学研究科。理学博士。专业为环境考古学。曾先后任洪堡大学客座教授、京都大学研究生院理学研究科兼任教授等职位。曾荣获中日文化奖、紫绶褒章、中山奖。现为国际日本文化研究中心教授、瑞典皇家科学院院士。主要著作有《文明的环境史观㊂》(中公丛书)、《稻作渔捞文明㊃》》(雄山阁)等。

㊀ 原题目分别是《死の体験》、《生と死のケアを考える》。
㊁ 原题目是《愛する者の死とどう向き合うか》。
㊂ 原题目是《文明の環境史観》。
㊃ 原题目是《稲作漁撈文明》。

关于稻盛财团
稻盛财团的成立过程

稻盛财团创立人稻盛和夫，1931 年出生于日本鹿儿岛。在"二战"后穷困潦倒的生活中度过了自己多愁善感的少年时代。随后，他经历了患上大病并强烈意识到死亡的少年时代；无法如愿升学、就职，自暴自弃的学生时代；进展并不顺心却废寝忘食投入工作的青年时代。一路走过来，稻盛和夫尝遍人生百态，但每逢挫折总有贵人相助，对这些贵人的感谢之情极大影响了稻盛和夫的思考方式。

1959 年创立京瓷公司后，身兼技术员和经营者的稻盛和夫经历了各种苦难与磨炼。尽管万分苦恼，但稻盛和夫对生产制造的热情却从未衰减。他不断努力朝着自己心中的理想人生迈进，并经常问自己：人类应该如何生活。终于，"为人类、为社会做贡献乃人之最崇高之行为"成了稻盛和夫的人生信念。

经过不断努力，京瓷公司逐渐发展壮大，荣获了各种机构和团体颁发的奖项，稻盛和夫个人也收获了相当丰厚的个人财产。在这过程中，稻盛和夫开始萌生出一个强烈的想法，"我不能一直接收馈赠，应转变为予以馈赠之人"。为了实现这个想法与"为人类、为社会做贡献"的人生观，稻盛和夫个人出资约 200 亿日元，于 1984 年成立了稻盛财团，并与翌年设立"京都奖"，相关活动至今仍在展开。

世界上有太多默默无闻倾尽一生埋头钻研的研究者，稻盛和夫希望通过京都奖给予他们奖励。而且，奖励领域不仅停留在科学技术发展方面，还涉及哲学、伦理、艺术等人类精神层面的活动。稻盛和夫希望通过这种奖励，向科学技术一边倒的现代风潮敲响警钟，提醒社会在发展文明的同时必须融入精神层面的提高。

财团概要

1. **"京都奖"表彰事业**：京都奖是国际科学大奖，每年颁发一次，分为尖端技术、基础科学、思想和艺术三大分支奖项，分别表彰在这三个分支做出卓著贡献的人士，以资鼓励。它旨在促进学术、文化发展以及加深国家之间相互理解。
2. **资助研究事业**：以国内自然科学、人文社科的年轻研究人员为对象，通过资助他们开展丰富多彩的研究活动，助力培育未来之才。它旨在促进学术、文化发展和加深国家之间相互理解。
3. **社会启蒙事业**：以明确指明现代社会前进方向为目的，开展各式各样的启蒙活动，包括立足于世界视野的献言建策、执行对策以及人员交流等。它旨在推进人类和平与繁荣，加深国家之间的相互理解。

设立日期：1984 年 4 月 12 日
所 在 地：京都市下京区乌丸通四条下方水银屋町 620 番地 COCON 乌丸 7 楼
邮　　编：600-8411
电　　话：075-353-7272
传　　真：075-353-7270

"京都奖"表彰事业

1. 京都奖是一项旨在表彰在科学和文明的发展、人类精神的深化与提高方面做出显著贡献的人士的国际性奖项。
2. 每一分支奖项的获奖者原则上为个人,但可能存在多人共获一个奖。同时,候选人不受国籍、人种、性别、年龄和信仰等限制。获奖者可获得荣誉证书、京都奖奖章(20K 金)和 5000 万日元奖金。
3. 京都奖分为尖端技术、基础科学、思想和艺术三大分支奖项,每个分支又涉及四个领域,每年各分支可自主决定授奖领域。
4. 每年的获奖候选人,均由稻盛财团信任的日本国内外有识之士推荐产生。
5. 京都奖审查机构将严格、公正地进行评审,具体来说就是执行三审制,先后由各分支的专门委员会、各分支的审查委员会和京都奖委员会进行评选。
6. 每年 6 月举行获奖者发布会,京都奖颁奖典礼以及相关活动在每年 11 月举行。

第 25 届(2009 年)京都奖颁奖典礼全景

京都奖周

京都奖颁奖典礼（每年 11 月 10 日）

京都奖颁奖典礼在日本京都宝池的国立京都国际会馆盛大举行，日本皇族成员亲临现场，以各国大使、总领事为代表的国内外 1000 多名贵宾齐聚一堂。

纪念演讲会（每年 11 月 11 日）

为人类社会做出巨大贡献、位处世界顶尖级别的获奖者，将在纪念演讲会上与听众分享自身在研究与创作过程中培育的人生观与价值观。获奖者会穿插个人经历进行演讲，内容通俗易懂，发言内容也不局限于自身研究领域。为了能让这种充满魅力的演讲化作丰沛的精神食粮，让听众收获勇气，勇敢迈向美好人生。纪念演讲会一般会面向群众开放，在颁奖典礼的第二天公开举行。

纪念演讲会（皮埃尔·布列兹先生）　　纪念演讲会（赤崎勇博士）

学术研讨会（每年 11 月 12 日）

各部门将组织各个领域的研究者、专家代表与获奖者共聚学术研讨会，以获奖者研究成果为主题，展开讨论或者进行学术发表。在此基础上，与会人员还会围绕现实问题的对策、新的创造发明等主题积极交换意见。

学术研讨会（泰勒博士）　　学术研讨会（三宅一生先生）

社会启蒙活动

青少年培育项目

除纪念演讲会、学术研讨会以外，财团还会开展各种青少年培育项目。这些活动的形式都是让群众近距离接触被誉为世界知识界代表的京都奖获奖者，旨在点燃群众对知识的渴望、对科学的兴趣，刺激群众畅想人类世界的未来。其中，纪念演讲会以一般群众为对象，学术研讨会以研究者为对象。青少年培育项目将会举办少年活动、高中特别讲座以及学生论坛等活动，旨在促进肩负未来责任的年轻人与获奖者之间的热烈交流。其中，在少年活动举办期间，获奖者会用通俗易懂的语言与中小学生分享科学的乐趣和重要性；在高中特别讲座中，获奖者则会访问京都市内高中并进行专题讲座；学生论坛则是组织大学生等年轻人与获奖者展开直接对话。

少年活动　　　　高中特别讲座　　　　学生论坛

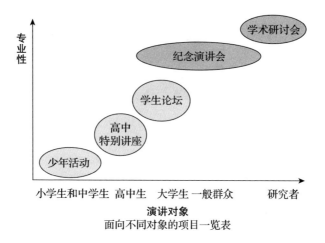

面向不同对象的项目一览表

京都奖研讨会

随着京都奖理念在日本国内外的普及渗透，以大学相关人士和地域社区为代表的支持者队伍逐渐壮大，特别是在海外，他们都热切盼望创立者的理念能落到实处。最终，在大家的努力下，自2002年起，由该年度获奖者主讲的研讨会（KPS）每年都会在美国圣迭戈市顺利召开。在获奖人和当地社区之间起到纽带作用的KPS得到了当地市民的大力支持。以此为动力，KPS每年都会如期举行，并得以卓越发展。该研讨会的会场主要设在美国圣迭戈市，圣迭戈大学、加利福尼亚大学圣迭戈分校、圣迭戈州立大学为三个共同主办方，研讨会举办期间约有3000名市民参加，已经成为该地域的例行活动。此外，为了落实创立者的理念，当地还具体展开了各种各样的活动，以支援前途无量的优秀年轻人。例如，以对获奖者的研究领域持有浓郁兴趣的高中生为对象，颁发单独的奖学金以资鼓励等。

第 24 届京都奖获奖者与相关人士　　慈善晚宴（Gala）　　京都奖获奖者演讲（圣迭戈大学）

知识网络

受京都奖获奖者所在机构或大学邀请，京都奖研讨会还会在世界各地召开。最近几年，京都奖研讨会分别在德国的卡尔斯鲁厄大学、加拿大的多伦多大学、麦吉尔大学，甚至在美国东海岸的普林斯顿大学等大学召开。以京都奖获奖者为中心，稻盛财团致力于与"贤者"共筑知识网络，广泛提倡构建"21 世纪的新伦理"，旨在共同克服 21 世纪人类正面临的诸多问题。

多伦多大学京都奖研讨会　麦吉尔大学公开座谈会　普林斯顿大学京都奖研讨会

CSIS 京都论坛

CSIS 京都论坛以当今世界面临的政治问题为主题，与美国战略与国际问题研究中心（CSIS）共同举办的论坛。在该论坛上，CSIS 干部、研究者与日本的有识之士将围绕今后的国际关系等话题，展开公开讨论、演讲，现场解答听众的问题等。

阿卜谢亚·稻盛领导者学院

进入 21 世纪，各领域的领导者应具备哪些风范？稻盛理事长与

CSIS 的创立者、原常驻北约代表戴维·M. 阿卜谢亚博士密切关注这个问题并感受到了危机，他们强烈意识到，培育出富有人格魅力与创造性的真正领导者的工作已刻不容缓。随后，稻盛理事长和阿卜谢亚博士一致同意开创领导者学院。稻盛财团出资 500 万美元在该研究所内设立了阿卜谢亚·稻盛领导者学院。稻盛财团每年都会从公共部门、民间部门选出三名立志于成为真正领导者的候选人，这些候选人将以"稻盛研究员"（Inamori Fellow）的身份参加学习该学院主办的特别研修项目。

CSIS 京都论坛（2009）

每年都会有"稻盛研究员"参加美国 CSIS 的特别研修项目

伦理与睿智稻盛国际中心（美国凯斯西储大学）

与科学技术的进步相比，人类精神层面的提高速度明显落后。正因如此，现代社会正面临各种各样的问题。稻盛财团认为，只有这两个方面得到均衡发展，整个社会才有可能稳定发展，人类才有可能实现真正的幸福与发展。在这个理念下，稻盛财团自成立以来举办了丰富多彩的活动。其中，美国俄亥俄州凯斯西储大学提出了一个构想，希望设立一个以"伦理"教育与研究为主题的世界性核心基地，希望以普及与实现伦理为手段为社会的稳定发展做出贡献。基于该大学的热情和信念与财团的理念处于同一轨道，稻盛财团决定出资1000万美元满足该大学的需要。以这笔资金为基础，该大学设立了"伦理与睿智稻盛国际中心"。该中心一直在举办各种活动，旨在发挥人类睿智，确立"人类共同拥有、潜藏于人类心灵深处的良心所引导的新型伦理观"。

该中心的核心活动是在2008年设立的"稻盛伦理奖"，发挥并实践了领导模范作用的个人成为该奖项的表彰对象。截至2010年年末，该奖项共有三名获奖者。

第1届（2008年）

弗朗西斯·柯林斯
（Francis S.Collins）
（美国、1950—）
- 医生、遗传学家
- 美国国立卫生研究院院长

第2届（2009年）

玛丽·罗宾逊
（Mary Robinson）
（爱尔兰、1944—）
- 爱尔兰共和国前总统
- 联合国人权事务原高级专员

第3届（2010年）

史丹尼·布洛克
（Stanley Edward Brock）
（英国、1936—）
- 慈善活动家
- 非营利组织（RAM）创始人

第 2 届（2009 年）"稻盛伦理奖"颁奖仪式

资助研究事业

资助研究

资助研究事业开始于 1985 年，旨在培育为未来人类社会做贡献的人才，以年轻研究员为对象，提供尽量不设限制条件的研究资金。以此支持各项有特色并有未来的研究活动自由展开。

在优先考虑该年度京都奖获奖者的研究领域前提下，从自然科学、人文社会科学等广泛领域中挑选权威人士组成资助研究评选委员会。该评选委员会将展开评选审查活动，并最终选出资助研究对象。

自 2010 年 4 月起，接受资助人数超过 1150 人，每人资助金金额为 100 万日元，共计资助金额达 11.66 亿日元。

盛和学者联谊会

以接受资助金为契机,财团在1997年正式举办了"盛和学者联谊会"(Seiwa Scholars Society,3S),旨在加深资助对象之间的交流和感情,进一步推进研究进展。近几年,随着研究领域不断被细分,人们越来越难把握学术的整体网络,因此跨学科、跨领域的思维模式也变得越来越重要。以此为背景,盛和学者联谊会正力争通过学术发表、演讲会、交流会和发行会报等活动,实现会员之间的跨领域交流。联谊会会员的研究领域涵盖了从自然科学到人文社科等众多学科。

2010年资助金捐赠仪式 理事长致辞

递送资助金的理事长

盛和学者联谊会
鹫田清一先生演讲

联谊会现场

京都奖
京都奖的理念

我于1959年（昭和34年）创立京瓷株式会社，作为陶瓷领域的一名技术人员，不断努力研发电子陶瓷、工程陶瓷、结构陶瓷等各种陶瓷材料，为构筑今天这个新陶瓷、精密陶瓷的时代做出了应有的贡献。

公司成立至今已经走过1/4个世纪，迎来创立25周年。在此期间，我们不分昼夜，付出了不亚于任何人的努力，同时也获得了上天的眷顾。目前，公司已经发展成年销售额2300亿日元、税前利润530亿日元（2009年合并销售总额约为1兆738亿日元，税前利润607亿日元）的企业。值此之际，按照我一直信奉的"为人类、为社会做贡献乃人之最崇高之行为"的人生理念，我将我持有的京瓷株式会社的股份及现金存款共计约200亿日元（截至2010年3月31日纯资产746亿日元）全部捐献出来设立"京都奖"，用于表彰那些为人类科学、文明的发展，为深化与弘扬人类精神做出贡献的人们，以期为人类的进步与发展尽自己的微薄之力。

京都奖获奖者，必须是像我们努力至今的京瓷人一样，谦虚做人，加倍努力，致力于求道且有自知之明，对伟大事业抱有虔敬之心。同时，他们还必须是为世界的科学、文明和精神的提升做出巨大贡献的人。并且，他们还必须是衷心希望自己的努力成果能给人类带来真正幸福的人。

创立京都奖的理由有两个：其一，前面所提到的本人的人生观——为人类、为社会做贡献乃人之最崇高之行为，希望以此回报哺育我成长的人类和世界；其二，对那些默默钻研的研究人员来说，当今世界太缺乏能让他们由衷喜悦的奖项。我希望通过这个奖项表彰那些倍加努力，为人类的科学、文明和精神做出杰出贡献的人，从而激发他们今后在各自领域取得更大的发展。

我坚信，只有科学发展与人类精神文明提升达到水乳交融的程度，人类的未来才会稳定发展。目前，科学文明不断发展，但人类精神文明领域的研究却大大滞后于科研领域。就如同阴与阳、暗与明一样，任何事物内部都有正有反，只有这两方面得到均衡发展，整个社会才有可能稳定向前。任何单方面的发展、膨胀，都会破坏宇宙的平衡，给人类带来不幸。希望京都奖能促进这两方面的发展，成为推进新哲学典范构建的催化剂。如果真的能做到这一点，我将无比荣幸。

1984 年 4 月 12 日

稻盛和夫

京都奖图书馆
KYOTO PRIZE LIBRARY

京都大学"稻盛财团纪念馆"1楼

京都市左京区吉田下阿达町 46
邮编 606-8501
（吉田校区川端路与近卫路交点东南角）
电话 075-753-7741

开馆时间	早上 10 点~下午 4 点
闭馆日	周日、周一、假日/12 月 28 日~1 月 4 日
入场费	免费
交通	京阪电车"神宫丸太町"站 5 号出口 徒步 5 分钟，或市营公交河原町路"荒神口"下车 徒步 5 分钟

备注：没有停车场，请利用公共交通设施到场

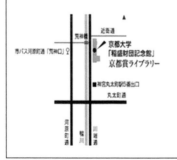

九州大学"稻盛财团纪念馆"1楼

福冈县福冈市西区元冈 744
邮编 819-0395
（伊都校区内）
九州大学伊都共通事务部
电话 092-802-2433

开馆时间	早上 9 点~下午 5 点
闭馆日	周六、周日、假日/12 月 28 日~1 月 4 日
入场费	免费
交通	JR"九州学研都市"站下车，乘坐昭和公交，往"九大工学部前"方向前进约 13 分钟

备注：校园内有停车场

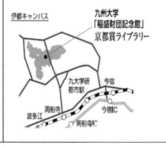

历届京都奖获奖者

京都奖创立纪念特别奖

第 1 届 (1985 年)　　　诺贝尔基金会（瑞典）

先进技术分支

电子学

第 1 届 (1985 年)　　　Rudolf Emil Kalman（美国,1930—2016）
第 5 届 (1989 年)　　　Amos Edward Joel, Jr.（美国,1918—2008）
第 9 届 (1993 年)　　　Jack St. Clair Kilby（美国,1923—2005）
第 13 届 (1997 年)　　　Stanley Mazor（美国,1941—）
　　　　　　　　　　　Marcian Edward Hoff, Jr.（美国,1937—）
　　　　　　　　　　　Federico Faggin（意大利,1941—）
　　　　　　　　　　　嶋正利（日本,1943—）
第 17 届 (2001 年)　　　Morton B. Panish（美国,1929—）
　　　　　　　　　　　林严雄（日本,1922—2005）
　　　　　　　　　　　Zhores Ivanovich Alferov（俄罗斯,1930—）
第 21 届 (2005 年)　　　George H. Heilmeier（美国,1936—2014）
第 25 届 (2009 年)　　　赤崎勇（日本,1929—）

生物工程学与医疗科学

第 2 届（1986 年）	Nicole Marthe Le Douarin（法国,1930—）
第 6 届（1990 年）	Sydney Brenner（英国,1927—）
第 10 届（1994 年）	Paul Christian Lauterbur（美国,1929—2007）
第 14 届（1998 年）	Kurt Wüthrich（瑞士,1938—）
第 18 届（2002 年）	Leroy Edward Hood（美国,1938—）
第 22 届（2006 年）	Leonard Arthur Herzenberg（美国,1931—2013）
第 26 届（2010 年）	山中伸弥（日本,1962—）

材料科学

第 3 届（1987 年）	Morris Cohen（美国,1911—2005）
第 7 届（1991 年）	Michael Szwarc（美国,1909—2000）
第 11 届（1995 年）	George William Gray（英国,1926—2013）
第 15 届（1999 年）	W. David Kingery（美国,1926—2000）
第 19 届（2003 年）	George McClelland Whitesides（美国,1939—）
第 23 届（2007 年）	井口洋夫（日本,1927—2014）

信息科学

第 4 届（1988 年）	John McCarthy（美国,1927—2011）
第 8 届（1992 年）	Maurice Vincent Wilkes（英国,1913—2010）
第 12 届（1996 年）	Donald Ervin Knuth（美国,1938—）
第 16 届（2000 年）	Antony Hoare（英国,1934—）
第 20 届（2004 年）	Alan Curtis Kay（美国,1940—）
第 24 届（2008 年）	Richard Manning Karp（美国,1935—）

基础科学分支
生物科学

第2届(1986年)	George Evelyn Hutchinson(美国,1903—1991)
第6届(1990年)	Jane Goodall(英国,1934—)
第9届(1993年)	William Donald Hamilton(英国,1936—2000)
第13届(1997年)	Daniel Hunt Janzen(美国,1939—)
第17届(2001年)	John Maynard Smith(英国,1920—2004)
第21届(2005年)	Simon Asher Levin(美国,1941—)
第25届(2009年)	Barbara Rosemary Grant(英国,1936—) Peter Raymond Grant(英国,1936—)

数理科学

第1届(1985年)	Claude Elwood Shannon(美国,1916—2001)
第5届(1989年)	Izrail Moiseevich Gelfand(苏联,1913—2009)
第10届(1994年)	André Weil(法国,1906—1998)
第14届(1998年)	伊藤清(日本,1915—2008)
第18届(2002年)	Mikhael Leonidovich Gromov(法国,1943—)
第22届(2006年)	赤池 弘次(日本,1927—2009)
第26届(2010年)	László Lovász(匈牙利、美国,1948—)

地球科学、宇宙科学

第3届(1987年)	Jan Hendrik Oort(荷兰,1900—1992)

第 7 届 (1991 年)	Edward Norton Lorenz(美国, 1917—2008)
第 11 届 (1995 年)	林忠四郎(日本, 1920—2010)
第 15 届 (1999 年)	Walter H. Munk(美国, 1917—)
第 19 届 (2003 年)	Eugene Newman Parker(美国, 1927—)
第 23 届 (2007 年)	金森博雄(日本, 1936—)

生命科学

第 8 届 (1992 年)	西塚泰美(日本, 1932—2004)
第 12 届 (1996 年)	Mario Renato Capecchi(美国, 1937—)
第 16 届 (2000 年)	Walter Jakob Gehring(瑞士, 1939—2014)
第 20 届 (2004 年)	Alfred George Knudson, Jr.(美国, 1922—2016)
第 24 届 (2008 年)	Anthony James Pawson(加拿大、英国, 1952—2013)

认知科学

| 第 4 届 (1988 年) | Avram Noam Chomsky(美国, 1928—) |

思想和艺术分支(第 15 届前为"精神科学・表现艺术"分支)

音乐

第 1 届 (1985 年)	Olivier Messiaen(法国, 1908—1992)
第 5 届 (1989 年)	John Cage(美国, 1912—1992)
第 9 届 (1993 年)	Witold Lutoslawski(波兰, 1913—1994)
第 13 届 (1997 年)	Iannis Xenakis(法国, 1922—2001)
第 17 届 (2001 年)	György Ligeti(奥地利, 1923—2006)
第 21 届 (2005 年)	Nikolaus Harnoncourt(奥地利, 1929—2016)

| 第 25 届（2009 年） | Pierre Boulez（法国，1925—2016） |

美术

第 2 届（1986 年）	Isamu Noguchi（美国，1904—1988）
第 6 届（1990 年）	Renzo Piano（意大利，1937—）
第 11 届（1995 年）	Roy Lichtenstein（美国，1923—1997）
第 14 届（1998 年）	Nam June Paik（美国，1932—2006）
第 18 届（2002 年）	安藤忠雄（日本，1941—）
第 22 届（2006 年）	三宅一生（日本，1938—）
第 26 届（2010 年）	William Kentridge（南非，1955—）

电影、戏剧

第 3 届（1987 年）	Andrzej Wajda（波兰，1926—2016）
第 7 届（1991 年）	Peter Stephen Paul Brook（英国，1925—）
第 10 届（1994 年）	黑泽明（日本，1910—1998）
第 15 届（1999 年）	Maurice Béjart（法国，1927—2007）
第 19 届（2003 年）	吉田玉男（日本，1919—2006）
第 23 届（2007 年）	Pina Bausch（德国，1940—2009）

思想伦理

第 4 届（1988 年）	Paul Thieme（联邦德国，1905—2001）
第 8 届（1992 年）	Karl Raimund Popper（英国，1902—1994）
第 12 届（1996 年）	Willard Van Orman Quine（美国，1908—2000）
第 16 届（2000 年）	Paul Ricœur（法国，1913—2005）
第 20 届（2004 年）	Jürgen Habermas（德国，1929—）
第 24 届（2008 年）	Charles Margrave Taylor（加拿大，1931—）

注：获奖者国籍为获奖时的国籍。